世界總會擁抱你

The Joy
of
Connections

Dr. Ruth Westheimer
露絲・魏斯特海默 博士——作者

Allison Gilbert 艾莉森・吉爾伯特 &
Pierre Lehu 皮耶・勒胡——合著
林岑恩——譯

獻給彌芮安、喬爾，還有他們的家人——露絲博士

獻給馬克、傑克與蕾克西——艾莉森

獻給喬安——皮耶

「人類不宜孤獨。」

——創世紀 2:18

目錄

引言

孤獨，是生命中人際關係的品質出了問題，與數量無關。

獨處的平靜也許令人嚮往，但孤獨不同於獨處，是社交上的孤立。**就算從早到晚身邊都有人團團圍著你，只要你覺得自己隱形、透明，或自己的存在無關緊要，便仍會為孤獨所苦**。同樣地，若你認為發生緊急狀況時沒有人可以聯絡，或在遠行時不知道要找誰來照顧家裡的花草，也會感到格外飄零與脫節。

孤獨之所以令人如此痛苦，是因為人先天就是社會性動物，我們的身心健康與社交關係緊密相依。深受孤獨感打擊的人，極有可能患上嚴重的健康疾病。**孤獨會提高中風、意識混淆、記憶喪失與心血管疾病的機率**，其對壽命的影響不亞於一天抽十五支香菸，甚至比整天坐著或者嚴重肥胖來得更加有害。

然而**孤獨是主觀的**，**孤獨是一種感受**。正因如此，我們能透過許多不同方式減輕它帶來的衝擊。

你可以立刻下定決心，讓孤獨不再是人生中的選項。只要有此意願，就該放手追求優質的人際關係，讓你能看見自己有多特別，或感覺受到重視。**我要你知道，你現在就可以選擇一條讓生命更為豐盛圓滿的道路**。

我以自己的職涯與人生經驗向你保證，此言不虛。這就是為什麼我都已經九十六歲了還閒不下來——我無法眼睜睜看著社會上這麼多人遭受孤獨之苦。已深陷孤獨泥淖的你，或許以為此生再也無法翻身，但請你握住我的手，讓我拉你一把，脫離深淵。

紐約州州長凱西・侯庫爾（Kathy Hochul）延請我出任該州孤獨大使（Ambassador to Loneliness）時，美國還不曾有過這樣的職位。其實，侯庫爾州長找不到比我更合適、更具權威的人選了，因為我這一生都與孤獨共枕同眠。

年僅十歲時，我就與家人分散、成為難民，孤苦無依，至今未能與父母與祖父母重逢。我也體驗過病痛與殘疾導致的孤獨，在一次轟炸襲擊中，被彈片刺穿身體，我渾身是傷，更失去單邊腳掌的一部分，在我萬念俱灰、以為自己難逃一死時，孤獨幾乎將我壓垮。

另外，永遠被視為他者、無法融入群體的孤獨，我也感受過。我的身高不到一百四十公分，在電視上總能靠嬌小的體態捕獲關注，幾乎所有人都比我高。這與眾不同的亮點，的確在我的職涯中起了作用，卻也深深地讓我感到被孤立。當時，我非常肯定不會有男人想要這樣的女性、自己這輩子永遠結不了婚；不過，爾後的人生中，我不但順利找到對象，還結了三次婚呢。雖然前兩次的婚姻以離婚收場，但第三次，我嫁給了佛列德．魏斯特海默，到他離世前，我們攜手走過三十五年的婚姻，他是我一生的摯愛。

偷偷告訴你一個小秘密：與孤獨相伴的親身經歷，並不是我在孤獨大使遴選中脫穎而出的唯一原因。其實，我是透過暗地費盡心思遊說、牽線，才搶下這個機會。因為身為專業性治療師的我，具備相當獨特的資格，能幫助人們戰勝孤獨，所以我才如此積極爭取孤獨大使的職位。性失能與孤獨都是大眾觀感中的汙點，沒有人樂於承認自己在房事上遇到困難，或朋友很少。這兩者對人類造成的影響中，最大的共通點就是恥辱感，而恥辱，也是我在職涯中，一路戮力協助人們克服的惡魔。

大家回想一下，八〇年代同志朋友們在愛滋病危機中遭受的公開羞辱，其實是全然不必發生的。這就是為什麼，我自始至終都堅持公開談論同性戀的性傾向，並擁抱所有愛的表現。那一次的愛滋疫情中，我盡了一己之力，改變社會上關於性愛與歸屬感的對話，我也因此確信，只要大家願意公開地討論孤獨，而且能理所當然、毫無避諱地暢所直言，那麼深受脫節之苦的朋友們，也能不再感到如此孤單。

現今，孤獨疫情氾濫已廣為人知，坊間有許多相關的書籍與研究，媒體也揭露了該問題所造成的深遠影響。向所有報導與研究人員致上敬意。不過，如同先前提到的，我想提供不同的觀點，來滿足人群的需要。本書要探討的，並不是社會是怎麼陷入如此脆弱不安的險境，也不會檢討政府機構做了哪些努力來解除危機，唯一例外，是此書最後，美國首席醫官費維克・莫爾提醫師[1]會提供重要策略，幫助人們建立社交上的連結感。

我從前是行為治療師，當客戶走入診間時，我不會花時間深入探討他們的過往、找到他們性事問題的心理根源，而會將這部分的工作留給心理師與精神科醫師。我的工作範疇更為直接且速效，單純協助任何來尋求幫忙的朋友，以及廣播和電視節目的聽眾與觀眾們，改變與性行為互動的方式，進而享受更優質的性愛生活。這也是《別擔心，世界總會擁抱你》打算採取的策略。如果你為孤獨所苦，你需要的，是打敗孤獨怪獸的務實建議，而我會給你所需的法寶。

1　Dr. Vivek Murthy，醫師、學者、公共衛生服務軍官團海軍中將、美國第十九及第二十一任公共衛生局局長。

《別擔心，世界總會擁抱你》是一本為打敗孤獨而生的，簡單直接的指南，提供一百個能讓你立刻行動的具體點子與機會。這本指南中的技巧，有些是我曾於自己私生活中運用過的，有些則用於幫助孤獨不已的客戶朋友。此外，我也囊括了外部專家的建議，包含組織心理學家以及華頓商學院教授亞當・格蘭特（Adam Grant）、麻省理工學院「科技與自我」計畫創始人兼主持人雪莉・特爾克教授（Sherry Turkle）、暢銷書作家與播客節目《Happier》主持人葛蕾琴・茹彬（Gretchen Rubin），以及其他各界專家。

但我可不只是把建議提供給你，還會盡一切所能鼓勵你採納建議。

我會扮演你的啦啦隊、教練、教官，也就是三合一的角色。認識我的人很快就會發現，我從不浪費時間獲得想要的成果，如果不是昨天，就是現在。當然，有些事情不得不慢慢等待，但是人生很多時候，耐心等待，往往表示你不會如願以償。在這個世界中，要成功的人必須有點膽量，我們也該提起同樣的勇氣與膽識，來解決孤獨的問題。我能親身證明，孤獨真的很難受，不過，它也是可以克服的病症。我不會騙你這條路輕鬆容易，但我可以向你保證，這絕對是可能的。

露絲博士的人際餐盤

美國農業部用一個色彩繽紛的餐盤[2]推薦國民，健康生活型態應該食用哪些食物類別；而我的「人際餐盤」則顯示生命中最需要關注的幾個領域，鼓勵大家在其中悉心打造、培養意義深遠的人際關係。這一個簡單的框架，廣納數十年來關於人際連結與幸福感的學術研究，並將所有知識轉化為立即就能使用的導引。

就像「我的健康餐盤」中，有水果、穀類、蔬菜、蛋白質，與一小份乳製品一樣；「人際餐盤」裡，則有我開發的一百種賦能的概念與策略，其中八十八種分別歸入五個部分：「自我」、「家庭」、「朋友與情人」、「社群」，與一小份的「科技」，每個部分都是人際餐盤不可或缺的元素。最後的十二個策略，則以「你的人際月曆」呈現，因為一年當中有好些時節，能提供各位特別的機會，來打造歡笑與人際關係。

接下來每一個章節的開頭，都會說明該部分在餐盤中的重要性，但更重要的是，餐盤中最大、我刻意賦予最多機會的成分，是「自我」。如果你正與孤獨搏鬥，也做好準備，要改變與他人互動的方式，首先得好好檢視自己，找出是哪些態度和行為讓你故步自封，或讓他人避之唯恐不及。要做到這些並不容易，但只要下足功夫，想打造的人際關係會更容易開花結果。

孤獨是非常個人的體驗，所以我理解，這本書不是每一頁都能讓你產生共鳴。不

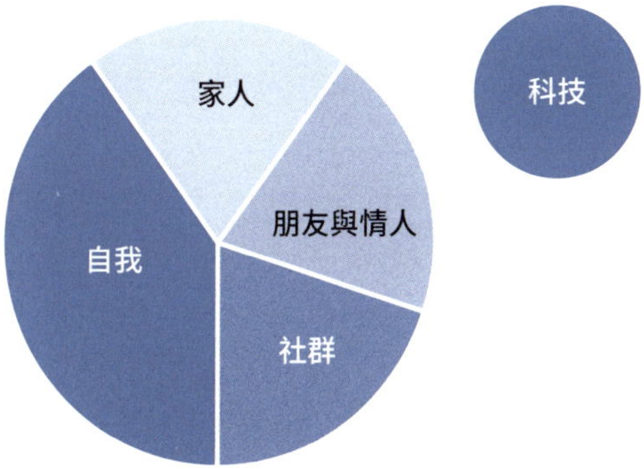

露絲博士的人際餐盤

2 二〇一一年，美國農業部部長湯姆．維爾薩克（Tom Vilsack）公開發表「我的健康餐盤」（My Plate），使用圖像讓人民了解各類食物應攝取之比例。

過，也許對你來說顯而易見的事情，對別人卻如醍醐灌頂、能改變他們一生。此書中，有些概念能幫助需要的讀者們找到連結、產生連結，有些則能幫助大家深化既有的人際關係。**希望你能汲取自己需要的部分，改造生命中的連結，依照人際餐盤的框架，層層累積關係的維度。**

讓我們開始吧！

輯一

自我

你可能會覺得周遭人的人際關係都很圓滿，但事實上，幾乎每個人都有過孤獨的體驗。

我們好好咀嚼這個概念：你所認識的每個人、每一位鄰居、每一個在路上與你擦身而過的陌生人，都極有可能曾感受過孤獨的劇痛。最近一份由Meta與蓋洛普諮詢公司合力完成的調查顯示，**世界上每四位成人中，就有將近一位——也就是超過十億人——不覺得自己與他人有完整的連結**。

自從美國首席醫官費維克．莫爾提宣布「孤獨已成為美國境內流行病」以來，許多活動應運而生，意圖幫助人們減緩孤獨感。眾議院通過立法，成立「社會連結政策署」（Office of Social Connection Policy），輔助總統擬定相關政策；世界衛生組織成立「社會連結委員會」（Commission on Social Connections）；地方首長則紛紛要求中央撥款，以因應當地心理健康相關計畫的財務與人力支出。這時，紐約州州長凱西．侯庫爾，延請我出任該州的孤獨大使！

我在納粹大屠殺中失去了所有家人，陷入了不可能更深的孤獨。雖然最終，我成立了典型的小家庭，但是就算找到伴侶、生兒育女、甚至有了孫輩，我也不曾放棄經營更廣義的大家庭，其中每位成員都由自己親手精挑細選。我懷抱著絕對的目的，費盡心思經營值得深交的朋友、付出心血將大家的人生編織在一起，在努力的過程中，也愈來愈不孤單。

能走到今天這個境界絕非易事。我從小在孤兒院長大，每一天、每一分鐘都被其他孩童團團圍著，沒有任何隱私可言！然而，在一九四五年七月十二號的日記裡，我對自己坦白：

我渴望交到朋友，更勝一切。

隔一天，我這樣寫著：

我與一百五十個人住在同一個屋簷下——但我好孤單。

十七歲的我不懂的，現在理解了：**孤獨跟身邊有多少人沒有任何關聯，若未能感受到意義深刻的人際羈絆、與他人的互動缺乏深度，那麼便極有可能感到自己彷彿隱形、無關緊要**。但是，你可以打敗孤獨，讓它屈膝臣服。我從經驗中學到，與致命疾病不同的是，孤獨有藥可醫、可以治癒。

我深信，讓人生從孤獨桎梏中解放的鑰匙，就在自己心中。作為治療師，我看過無數的患者，面臨著非常艱鉅的苦難和殘疾。我能夠協助大部分的人，然而，我並沒有辦法幫他們做出他們需要的改變，只能引導他們。治療師是專業顧問，但只有想要改變的人本身，才能實際邁出改變的步伐。

不過，改變行為模式需要相當的努力。這也是為什麼，「自我」是人際餐盤最重要的成分。你必須關注自己的思緒、感受與行動，特別是那些會讓你故步自封、無法建立自己想要的人際關係的行為。**有了自我意識，才能制定因應策略與解決方案，打造自尊與自信、順利地與他人溝通互動，藉此培養並維護健康的人**

際關係。經過誠實地反思，就能看見自己有哪些地方需要改進，並期許自己抵達目標。

所以，從可能最困難也最不舒服的部分開始吧，先專注在這一場成敗全然操之於己的戰役：檢視自我。

只要願意承認問題存在，
療癒之路就已開始。
繼續走吧，
你會愈來愈靠近目標的。

01……

解決任何問題的第一步驟都一樣，就是承認問題存在。

如果孤獨正影響著你，而你想直面問題，那有什麼能比「站在鏡子前對自己大聲說出來」更有效呢？你可能會覺得這很蠢，也可能不小心哭出來，但開誠佈公地向自己講出問題，是開始改變、打敗孤獨必要的第一步。此刻，你正在閱讀此書，至少對我來說，這就已證明你有意識到導致自己痛苦的原因，而且願意嘗試各種解決方案。我毫不懷疑，你已經上了軌道，準備好開始打造自己最渴望的人際關係！

我在生命中面對過許多困難的挑戰，接下來你會一一讀到。一九五〇年代早期，我曾於巴黎的索邦大學攻讀心理學，某次重返巴黎旅行時，看見一間店裡販售著一款紅寶石色的裝飾標語，立即吸引了我的注意。那副標語燙著金，用英文寫上「你做得到」（It CAN be done）。

那時我沒有買，但店主人後來將它寄過來送給了我，因為他發現我非常喜歡。這塊標語四十多年來都是我珍藏的寶貝，每次感到沮喪時，我就會看看它。

同樣都是孤獨，自怨自艾與大聲說出來的差別是什麼呢？擔任治療師已數十載的我，可以明確地告訴你，來到診間的朋友們，只要願意承認問題存在，療癒就已開始。眼前的路也許艱辛，但只要繼續走，你就會愈來愈靠近目標，漸漸遠離孤單與疏離。

「你做得到」。

與自己和解

接受與眾不同的特質，
專注於身上的優點。
你是無可取代的，
要好好愛自己。

02

不愛自己的人，是不可能維持健康的人際關係的。沒有任何朋友或者性伴侶能幫你扛起所有情緒重擔，更嚴重的是，不愛自己的你，可能不慎在身邊築起高牆，讓他人無從翻越。

我並不是建議你洗腦自己，例如明明相貌平凡，卻欺騙自己是絕世名模。也不會要求你忽略身體和心理的殘疾，這些情況的確會讓人生格外辛苦，我絕不會叫你無視這些苦難。

我的建議是，慢慢接受你身上與眾不同的特質，然後從這個出發點開始打造關係。一生從事治療師工作的我，或許在此話題上有所偏心，但仍真誠地建議你，可以考慮專業的諮商，來達到此目的。

寫作的此刻，我深深愛著自己，但年輕的時候可非如此。當時，我還無法誠心接納自己的樣貌。一九四五年，也就是十七歲的時候，我開始寫上文提到的日記，當時我感到異常孤單的原因，一部分是覺得自己完全沒有魅力。「我好矮、好蠢、好醜」，我總這麼思忖著。「只要跟一般人差不多高，一切、所有的一切都會迎刃而解。」不到一百四十公分的身高，與「正常」範圍距離之遠，讓我到多年以後還相當訝異，自己竟然能夠懷孕——還以為這是生理上不可能達成的事情。（有了兩個孩子、後來甚至有四個孫子的我，直至今日，回想起當年的恐懼沒有成真，仍喜出望外！）

如果受殘疾之苦，那麼認清社會加諸於你的阻礙、直面讓你無法深化友誼或從事性行為的外在限制，會讓你更容易好好愛自己。

如果妳是一位妙齡女子，而妳的朋友們正聚在一起梳妝打扮、準備一同出席派對，那就得接受，坐在輪椅上的妳，不太可能跟她們一起搭計程車或優步。（或者妳可能根本不打算出席，因為擔心自己無法在人群中自由移動。）同樣地，住在養護設施中的你，房間門上可能沒有鎖，也因此無法享有利於發展親密關係的隱私。

你必須接受現實，並專注在自己身上出類拔萃的部分。心理或肢體上的不同，並不會減損自我價值。我也是一直到發現自己有多聰明、在課業表現上有多優異，才體會到，儘管我的身高不如人，仍值得擁有愛。希望你也一樣。

誠實正視日常習慣

評估生活中每一個選擇，是否都讓自己更孤獨？如果不認清當下處境，也就無法改寫一生。

03

不管你渴望的是更多朋友，還是更多性愛，你的自我感覺越糟糕，就越應該認清，孤獨的來源可能是自己的選擇。

自我評量非常關鍵。如果你連對自己都無法誠實，那我著實無法想像你要如何達成自己心目中足以改寫一生的轉變。

我們舉個例子：假設你的工作壓力很大，所以每到晚上就會打開電視機，讓心智麻木、圖個輕鬆。盯著電視螢幕放空時，能暫時忘記自己有多孤單，這不啻是種舒緩。但是，你坐在沙發上看電視的時候，可沒在交朋友。被動的娛樂就像OK繃，還算有點用處，但無法終結孤單。

我知道人們有多容易掉入這種既對現況沒有幫助、也無法產生人際關係的日常陷阱。在結褵三十五年的丈夫佛列德．魏斯特海默過世之後，我也曾想搬出與他同居數十年的公寓。當時，我相信，換個風景或許能減緩思念；但看了許多不同房子之後卻發現，孤單的感受，並不會因為改了幾堵牆壁與我相望就消失。對佛列德的思念依舊，只是住處不同罷了。

漸漸地，我了解到，新的地址只是另一種形式的ＯＫ繃，我需要做的，應該是多關注自己的時間都花在什麼地方——與其四處找公寓，不如開始找人。我應該邀請朋友們來家裡，或者晚上外出參與社交活動。「人」才能點亮生活、減緩孤單，房地產不具有這種功能。而開始找人、社交的我，也的確好多了。

那麼，你該如何說服自己，一個禮拜要花兩、三天外出參與社交活動，爭取機會交朋友，並深化人際關係，而不是只窩在家裡看Netflix呢？請務必正視自己孤獨的情形有多嚴重，仔細關注所有你通常會選擇獨處的時段，再漸漸地用社交聯誼的機會取代獨處。客觀地認清自己的處境，必然能成為出門的動機。

讓外貌更宜人

關注外表是人性使然，
是交友必要的第一步。
打理自己的外貌，
也能創造
轉變心情的機會。

04

記不記得，在本章節前幾頁，我要求你好好看看鏡中的自己。雖然目的是為了讓你評估，在建立與維護人際關係的課題上，你的自我感受如何；然而，你也不妨利用這個機會，幫自己的外在做一次掃描與評估。

你是不是看起來很孤單——頭髮一團亂、總是眉頭深鎖——這樣自然不容易交到朋友囉。大家應該只看外表嗎？當然不是，但關注外表是人性使然，每個人一定都會這麼做，所以交友的第一步，也包含讓自己的外貌更宜人。

在花樣年華時，我沒有錢購買各種女性襯衫與褲裝。當初，有兩年的時間，我分別住在以色列的兩個吉布茲社群[3]，群體生活中，整個社群的福利優先於照顧個體，為自己增添衣裝幾乎是無法想像的事。不過，到了一九八〇年代，我的廣播節目《性方面來說》（Sexually Speaking，暫譯）爆紅，本人也開始受到矚目，並有了上電視曝光的機會。

3 Kibbutzim，為Kibbutz的複數型態，以色列的經濟社區集體生活單位，傳統以務農為主，今日產業已現代化，為以色列帶來相當經濟貢獻。

此時，本書的合著者之一、也是我四十幾年來的媒體經紀人皮耶・勒胡（我稱他為「公關部長」！）建議，是時候想想陌生人眼中的我是什麼樣的人了。想讓大眾聽進我的建議、採取避孕措施，外型越和善親民越有效。皮耶在每次參與現場直播或節目錄影之前，都會提醒我頭髮做了沒、選擇了什麼樣的服裝，漸漸地，我也對自己所呈現的造型風格越發敏銳。每次梳妝打理完，我都戲稱這種轉變是「皮耶風造型」。

考慮為自己買一些新衣服吧。不需要花很多錢，慈善二手衣著店鋪可以挖到很多寶。想要感到歡樂愉悅，就選擇能帶來輕快感受的襯衫和針織毛衣，盡量挑戰自己，嘗試亮色系的服裝。

覺得情緒低落時，只要刻意維持歡樂的氛圍，
就有機會真的感到快樂。
同樣地，衣服和首飾對心情也有類似的影響。

自私有所必要

自私是沒有問題的，
有必要時，
請把自己擺在第一位。
他人無法理解你的付出，
就請堅定地表態。

05…

照顧自己的時候，不免會受到他人批評，也有人會感到特別罪惡。不管是哪一種情形，請記得，有時你絕對有必要將自己擺在第一位（住在吉布茲社群中也一樣）。自私是沒有問題的。

舉個例子吧。家裡有長輩需要貼身照顧，一直以來你都在滿足這個需求，也因為持續從事照護的工作，社交生活已消失殆盡，因此感到孤單。如果是獨子，可能會覺得難以翻身，需要想出有創意的解決方案，讓自己休息一下。但，假設你有兄弟姊妹，這時就應該表態。

請直接要求兄弟姊妹出手協助。如果他們住得比較遠，而用這一點當作不參與照護的堂皇藉口，那麼，請要求他們付款，讓你能一週雇請一次照護員來協助。把空出來的時間拿來見朋友。

就算兄弟姊妹有所不滿，也要堅定立場。孤獨對人生有極大傷害，請和他們講清楚你已經做出多少犧牲，甚至可以寫個清單，列出自己一個禮拜做了多少雜事、煮了幾頓飯。他們看不到你所做的工作，可能其實並不理解你的辛苦。

發現自己把時間無私地奉獻給他人，導致人生淪落得悲慘淒涼時，就是你該自私的時候了。何況，我們就直白地說出來吧：那些把所有小至預約看診掛號、大至房屋維護修繕的照護工作，全都倒在你一個人身上的兄弟姊妹們，自始至終都是自私的，不是嗎？

將休息視為第一要務，
維持充足的體力，
才能有興致
與他人交際往來。

06

大家都知道我常在公眾節目上大聊性事，也因此你應該會很驚訝，其實斷斷續續地有好幾年，我跟佛列德都是分床睡（他會打呼！）。別擔心，我們很懂得怎麼找不同的場合與時間享受親密生活。但，我一定要睡飽，才不會不耐煩或心情暴躁，所以佛列德與我共同決定，偶爾不要一起睡，對兩個人都好。

睡眠對我來說很重要。繼二〇二三年第一次中風，以及二〇二四年再次輕微中風過後，回到正常忙碌的生活裡最困難的一點，便是變得愈來愈不好入睡，就算終於睡著了，也很容易醒來。輾轉反側到一日之始的早晨，往往累得無法執行所有想做的對談與計畫。我與醫生們合作，改變中風服用的藥物後，才漸漸把睡眠的節奏找回來。

我的情形並不是立即改善，一開始也覺得相當挫折，但睡眠品質果然慢慢提升了。不久後，就開始與朋友見面、拜訪家人，更完成了這一本書！

請你想一想，自己每天都睡幾個小時？飲食營養均衡嗎？運動量足夠嗎？如果你不把休息視為要務，或不投資自己的身體健康，那大概也提不起興致，更沒有足夠體力與他人交際往來，但只有與他人互動，才能創造並維護有意義的人際關係。

肢體碰觸能幫助放鬆，
抵抗疾病、減緩憂鬱。
如果平常沒有機會，
就適時投資一些服務。

07

多數人渴望肢體接觸——他人溫暖的擁抱、為你著想地捏捏肩膀——得不到這種碰觸時，會感到格外被孤立。從出生的那一刻開始，肌膚之親對肢體和心智發展就至關重要。肢體接觸能產生抗體，抵抗疾病、幫助放鬆，更能減緩憂鬱。

孤單的你，可能沒有太多機會得到他人的碰觸；但至少，在發展出更親密的人際關係之前，可以考慮這些方法，來暫時填補真空：招待自己去手部或足部美甲和按摩。或者，乾脆放膽發揮創意，找針灸師試試看。使用服務的頻率與次數沒有對錯。

偶爾奢侈一下，讓自己感受到肢體接觸的療癒吧。

我第一次投資肢體接觸時，大手筆地買了一張按摩床，並僱請一位按摩師每個禮拜來家中服務。工作伙伴都知道，那個時段我不會回應工作的要求，而是在充分享受獨處的時光，幫自己的電池充電。當時，我每週都期待著渾身上下給師傳揉個酥軟！

對了，想要享受按摩的種種好處，不一定要花錢喔。邁阿密大學醫學院的研究顯示，幫自己按摩——例如揉揉手臂與雙腿——也能提供正面的效果。何妨試試呢？

維持性慾，
可以激勵自己往外走，
找尋健康的關係。

08

在一本關於戰勝孤獨的書中看到自慰這個字眼，可能讓你感到意外；又或者因為這是我寫的書，你並不特別驚訝。

孤單，並不表示你得忍受空白的性生活。

沒有伴侶的人，更應該自由地享受一點零罪惡感的自慰。但是，請注意，這裡說的是「一點」。跟其他能帶來愉悅感受的活動一樣，過度自慰就像吃太多洋芋片，會造成問題。

如果常常無故取消預定的計畫，好待在家自撫自娛，這就是過度自慰的警兆。而且，如果你每天都自慰，我甚至會猜，這種行為模式就是導致孤單的原因之一。

頻繁地自己達到高潮，會讓你失去找尋性伴侶最關鍵的動機，因此得限制次數。我要你維持性慾，來激勵自己往外走，找尋健康的性關係。

對親密行為的渴望，能逼你走出家門，前提是還保有胃口。希望你找到健康自慰，又能維持性慾的平衡點。

不把頭伸出殼外，
烏龜是活不下去的。
感到怯懦的時候，
請擁抱內心的小烏龜，
獲得安全感及勇氣。

09

打造全新的人際關係需要勇氣。缺乏自信又害羞內向的人，可能會覺得社交場合特別難受、恐怖。怯懦的時候，擁抱內心的小烏龜，會是一道良藥。

烏龜把頭與腳縮進殼裡，就能得到安全感，沒有任何事物能傷害牠；只是，要活下去，終究得將脖子伸出來。只圖安全感的烏龜，無法出門覓食、曬太陽或找到伴侶。牠們得勇於冒險才能生存。

烏龜的比喻總能給我新的啟發，這也是為什麼我家收集了很多烏龜的小公仔。不誇大，我有好幾百隻藍色、黃色、粉紅色、紅色、彩虹色、綠色的烏龜，它們多數是琺瑯材質，或以水鑽和假寶石點綴，書櫃上幾乎每一列都排滿了烏龜，數量之多，甚至連客廳的咖啡桌都幾乎沒有位置可以擺放咖啡杯了。（避免你誤會我沉迷收藏，這些烏龜大部分是禮物，而且還不斷在增加中！）

看到這裡，你是不是猜想，擁有這麼多烏龜的人，想必能在自己的殼裡殼外伸縮自如？你是不是認為，我先天就懂得怎麼在大庭廣眾前高談闊論、發表演講？這些年來，我的確進步不少，特別是開始在大學教授性教育課程、一次得面對幾百個大學生以後。但，其實每次面對群眾時，都不免感到緊張，只是我會鼓起勇氣。你也該試試看。

我知道，對有些朋友來說，就算只需要對一個人說話，感覺也像是登上世界最殘酷的舞台。

如果這個人就是你，如果你發現自己老是龜縮在殼裡，別忘了找到內心的小烏龜。

也許牠能幫你找到一丁點勇氣，就像我一樣。

代表自己價值觀的小物，
能讓志同道合的人
找到與你攀談的契機。

10

我的著作《性愛小白的第一堂課》（暫譯）[4]出版時，行銷部的同仁想到了非常聰明的方法來推廣此書：訂製經典版黃色書封造型的迷你紀念鑰匙圈。我不記得他們給了我多少個，好在活動中送給讀者，但我印象很深刻，他們預算的數量完全不夠。讀者朋友們超愛這個小物，常要求多拿幾個，讓他們分送給親友，我也常常得回頭向出版社索取更多。

回想起來，我不認為這些鑰匙圈如此搶手，單純是因為免費。當然，贈品誰不愛？但我相信，大家如此喜愛這個小物，一部分是因為他們能以索取鑰匙圈為由，鼓起勇氣找我攀談。這些長方形的塑膠片成了開啟話題的工具。那些原本不敢來說話的讀者朋友們，有了開口的絕佳理由——「露絲博士，我能不能要一個鑰匙圈？」

4 原書名為*Sex for Dummies*，於一九九五年由John Wiley & Sons出版社出版。

我猜大家可能沒有寫著姓名的鑰匙圈可以發送，那麼，該如何讓其他人有機會來攀談呢？要怎麼做才能展示善意、讓大家知道你樂於對話？

請從視覺角度思考。穿上印有你的母校字樣的T恤，或者喜愛球隊的帽子。帶上一本暢銷書，到咖啡店裡閱讀一會兒，別忘了確保路過的人都能看到書封。就算得埋首工作也沒關係，記得在筆電上用一些貼紙裝飾，選擇能代表自己理念的組織、喜愛的歌手或樂團，或是曾爬過的山。保持開放的心態，自然而然就會有對話發生。

精心挑選的小道具會發送信號，讓他人了解你的興趣和理念。一個字都不必說，就讓其他志同道合的人找到與你攀談的契機。誰都說不準，你們之間的共同連結，可能會導向更深入的討論、發展全新的友誼呢。

至此，希望你已經明白，我是在鼓勵各位，在與孤獨的搏鬥之中，不放棄每一個小小的行動。

這些看似無足輕重的舉動非常重要，因為比起大幅度的改變，它們能立即付諸實踐，也比較容易持續執行。

隨著時間累積，效應會愈滾愈大，你也會愈來愈快樂，並擁有更豐富的人際關係！

狗不但能排遣寂寞，
也是讓你出門、
與鄰居閒話家常的
最好理由。

11

狗狗是最能排遣寂寞的寵物了。沒錯，所有寵物都能帶給心靈無限的驚喜，我也懂，貓咪真的很好抱。但是，在目前迫切討論的孤獨議題上，最能在獨處時享受的寵物朋友，並不能幫你找到新的人類夥伴。這就是為什麼我認為，狗狗才是孤單人們最好的選項。

狗是美國最受歡迎的寵物，也因此，帶著狗出門就像自帶磁鐵，是你在遛狗時與其他主人搭話的門票。

家裡有狗，你就有了每天出門幾次，與鄰居聊天的理由。

對於不擅長日常閒聊的人來說，狗狗真的超好用。一隻可愛甜美的小狗，也許就能幫助破冰呢！

不過，我得講清楚：照護狗寶貝的責任很繁重。在養狗之前，請務必先深刻思考狗主人的所有義務範圍，好好了解不同品種各會有什麼樣的需求和個性，並想清楚自己的能耐（瘦弱的朋友當然不適合豢養跳躍力驚人的大型犬）。千萬不要為了得到情緒支持養了狗，卻給自己帶來難以負荷的壓力與責任。

能自在地與陌生人對話
是一項技能，
需要時間與練習——
打敗孤獨沒有捷徑。

12...

我們還算在本書的開端，所以我想在這裡就先把孤獨的範疇定義清楚。至此，我專注在提供各位建立新友誼、帶來有意義的人際關係的小撇步，但讓我們先暫停一下。

孤獨不一定只是沒有好朋友或性伴侶造成的。有時候孤獨的來源，是失去與其他人的任何互動導致。

研究顯示，只要開口與陌生人交談，無論你們之間的對話有多短，兩人的幸福感與連結感都會加深。遇到一起搭電梯的陌生人，一聲問候就能開啟對話。鄰居掉了信，溫柔地開口提醒、順手撿起來，並投以善意的微笑，你們之間就有了火花。如萊恩．詹金斯與史蒂芬．凡柯恩所合著的《締造連結》（暫譯）[5]一書中所提到，連結不一定要歷久才有意義。

我女兒彌芮安結婚時，城裡買婚紗最好的地方就是位於紐約市布魯克林灣脊區的一間店，皮耶也住在這附近。彌芮安跟我叫了車到店裡一排一排地找婚紗，爾後我請司機載我們去皮耶那裡，拜訪他們一家人。我與這位司機素昧平生，但我決定不要讓他在車上等，邀請他一起到皮耶家坐坐。後來彌芮安還問我這位司機是不是常常載到我，不，事實上我們是第一次見面。回想那一天，我們大夥都很開心能認識一個新朋友呢！

能自在地與陌生人對話是一項技能，跟彈鋼琴和游泳無異，需要時間與練習來獲得。我也希望有一個魔法按鈕，按下去就能轟一聲解除孤獨，但很遺憾，這樣的東西不存在——打敗孤獨沒有捷徑。然而，只要你下定決心與陌生人互動，並強迫自己常常這麼做，漸漸地，你與周遭世界的連結感就能加深，你的練習次數越多，也會越上手。

5 原書名為*Connectable: How Leaders Can Move Teams From Isolated to All In*，作者為Ryan Jenkins與Steven Van Cohen，於二〇二二年由McGraw Hill Professional出版社出版。

不要因為不想被拒絕，
就放棄
與他人交流的機會。
舔舔傷口、往前看，
你會找到夥伴的。

13

很多人之所以無法開始人際關係，是因為怕被他人拒絕。我很能理解這種感受。被拒絕的感覺很難接受，會讓人悲傷、憤怒、困惑——更常是三者同時。問題是，人生經驗中，被拒絕是很自然的一部分，不要把這當作對方在針對你。你不可能完全不被拒絕，而且對方拒絕與否，根本不是你能控制的範圍。

最重要的是，我不希望你只是因為不想再被拒絕，就放棄打敗孤獨的征途，不再找尋嶄新或更深刻的人際關係。（因為我知道，你的運氣不會一直這麼差的。）

面對拒絕，我要你只學會唯一一種反應：

舔舔傷口、再接再厲。

在征途上網羅的夥伴們，絕對會多於推開你的人。

為了得到想要的友誼，何妨放膽去做，使點無傷大雅的小手段？

14

參加課程是認識新朋友的好管道，屢試不爽。如果你報名訓練班最主要的原因，是想從頭培養興趣（例如：繪畫或義大利料理）的話，那我當然建議報名入門課程。但是，既然目的是打造新的人際關係，我想在這裡傳授不同的技巧。報名入門課程沒問題，但請選擇自己已經稍有涉獵的領域！

為什麼要這樣做呢？如果已經有一點基礎了，在課堂中想必會比同學來得熟悉。此時，若身旁的同學遇到困難，你就能揚起嘴角對他說：「讓我來幫忙吧。」這樣的話，自信心一定會大增！開發了這道自信與安全感的泉源後，交朋友會變得容易許多。

我將這個方法命名為「魏斯特海默奇招」，其定義就是：下定決心、放膽去做——為了得到想要的友誼，不擇任何良善手段。

說一個我成功啟動魏斯特海默奇招的案例。幾年前，我正準備在英格蘭知名的牛津大學辯論社（Oxford Union）與一位女性辯論，主題是「在學校內使用色情影片做為性教育的教材」，我的論點是正方，在合適的引導下色情片應該要納入討論；她的論點是反方，色情片完全不宜在教材中使用。

牛津大學辯論社大概是全世界最具有權威性的辯論場合，這當然很令人緊張。辯論前的晚餐時間，我注意到，每當有人舉杯，對手就會大飲一口酒；我呢，則幾乎一滴不沾。所以，我決定加入舉杯的行列，一次又一次地找理由敬酒。結果，我當然在辯論中輕鬆獲勝——畢竟，一個微醺的人要怎麼辯贏呢？

製造能增加自己勝算的外在情境，並不是什麼創新概念。古時候有多少大家閨秀，會「不小心」在心儀的男士面前掉手帕，好爭取認識的機會？

在不傷害他人的前提下，好好利用情境讓自己居於優勢，
並不是狡猾，而是大膽！

永不向困境投降

生活給你酸澀的檸檬，
就狠狠地榨出
最好喝的檸檬汁！

15

我與已逝的丈夫佛列德相識的機緣，是有一次我拒絕將就次等的遭遇。那並不是個嚴重到會危及性命的困境；不過，我仍做出關鍵的決定，逆轉了讓自己很不舒服的情況。如果當時沒有採取行動，那我後來的人生會全然不同。

來說說究竟發生了什麼事。我一直以來都很熱愛滑雪，一九六一年的某一天，我與三個朋友一起去滑雪，因為有人屬於某個滑雪俱樂部，而我們幾個早就講好要來趟週末小旅行。於是，我與大家一起站上雪坡，而夥伴們從一開始就災難不斷。要抵達坡頂，必須搭乘T-bar拖行纜繩，也就是說人得分別跨坐在倒T字形的鐵桿兩端、雙腳著地。這麼說好了，這個系統對身高相仿的滑雪夥伴來說運作良好，但對於像我們這樣身高落差極大的團隊來說，這種機制既彆扭又難以使用。與我一組的朋友身高超過一百八十公分，他跨坐鐵桿時，鐵桿會在我脖子的位置；我先跨坐在鐵桿上的話，桿子就會在他的腳踝。

我們笨拙地嘗試，失敗了好幾次，終於抵達坡頂時，我深深感到挫折，自顧自地滑到邊上去——就是這時候，我第一次看到了佛列德。

佛列德是我朋友所屬的滑雪俱樂部的老闆，個子不算高。我毫不猶豫地上前對我的高個兒朋友說：「從現在開始，我要跟那個矮個子一起上山。」佛列德跟我，從此再也沒有與其他人一起組隊。

我的決策非常果斷，甚至可能對我的朋友有點無禮。但是，明快決定換伙伴的行動，不僅改寫了那一天的滑雪體驗，也讓我開啟新的機會與可能性。

有一句西方諺語說：「當人生帶給你檸檬的酸澀，就想辦法做出好喝的檸檬汁。」[6]遇到了無法成功達到目的的困難情況時，不要舉手投降、暗自流淚，而是要環視周遭、找到解決方案。樂觀的人永遠比悲觀的人來得有魅力。

一旦找到克服困境的方法，
就狠狠使勁榨出檸檬最鮮美的滋味，不再回頭。

6 原文：When life gives you lemons, make lemonade.

事先準備話題

事前練習聊天的話題，
以及保持好奇心，
是社交場合的
必勝法則。

16

大衛・雷特曼[7]常常找我上他的節目，每次去都玩得很開心。有一次，製作人團隊突發奇想，決定該集節目中的所有環節，都讓錄影現場的觀眾來選擇，包含掌聲用哪一種音效、大衛穿什麼、節目主題音樂，甚至由誰來閱讀開場白，整個流程超爆笑。然後呢，觀眾們都還笑得喘不過氣時，大衛問大家，兩位嘉賓中，要先請誰上場比較好呀？

當下等著上台的，是泰芮・嘉爾[8]和我。我立刻對泰芮深深感到抱歉，雖然她是大名鼎鼎的演員、長得也漂亮多了，但我的主題（性！）一定更受觀眾的青睞，結果也確實如此。

這個故事的教訓是：與他人產生連結的關鍵，在於娛樂大家的能力。

7 David Letterman，美國知名脫口秀主持人、喜劇演員、電視節目製作人，自八〇年代開始，便主持多檔深夜訪談節目，至今仍在線主持，廣受歡迎。

8 Teri Garr，曾以電影《窈窕淑男》（Tootsie）獲艾美獎最佳女配角提名，也曾演出史蒂芬・史匹柏（Steven Spielberg）導演的《第三類接觸》（*Close Encounters of the Third Kind*）。

隨時準備好撂出與眾不同，甚至有點偏激的話題吧！千萬不要只會抱怨，更不要老是炫耀自己的小孩。

每次出席社交場合，都要準備好一、兩個能讓大家開懷大笑的點子。盡量挑不是這麼常見、但對大部分人來說饒富興味的題目。（不要選當日頭條，或者在社群網站上爆紅的主題——可能所有人都已經聽說過了。）開始冷場時，就能適時開口救援：「你們有沒有聽說……」我保證，接下來不管討論到哪個方向去，你一定都有一席之地。也別忘了準備回答問題！只要稍微研究一下主題，就更能確保對話能順利往下發展。

另外一個方法，就是保持對他人的好奇。需要來點建議嗎？我推薦《深刻認識一個人：發現自己與他人的非凡之處》[9]作者、也是專欄作家的大衛·布魯克斯所提出的點子：

「你老家在哪裡？」（大部分的人都喜歡分享自己的兒時回憶，這個點子非常棒！）

「你最喜歡自己身上什麼不為人知的冷知識？」（大衛說，他喜歡泰勒絲早年的作品，勝過近期。大衛是個專業嚴肅的記者，在派對上跟他聊這個話題一定很有趣吧！）

不管問了哪一個問題，目的都一樣——大衛建議各位，鼓勵別人多談、多說自己的故事。

那麼，內向的人該怎麼辦呢？我的建議是：事先練習想說的話，並在每一次各種大型社交活動過後，都給自己充分的時間休息、充電。內向的朋友不一定害羞，但置身於人多的場合時，會筋疲力盡。像我一樣的外向者，能從人群中吸取

9 原書名為*How to Know a Person: The Art of Seeing Others Deeply and Being Deeply Seen*，作者為David Brooks，於二〇二三年由企鵝藍燈書屋出版。繁體中文版於二〇二四年由遠見天下文化出版。

能量；但內向者反而會被外界的刺激榨乾電力。

如果我說的就是你，請好好認識自己、並預先規畫參與社交活動後，充分休息、養精蓄銳的時間。雖然各位應該不必為了上深夜節目而準備，但是請記得，每一位專業的談話人士都會事先演練，你也該這麼做。

將與旁人不同的特質，
轉化為專屬自己的
秘密武器，
用這些特點來交朋友。

17

我的母語是德文，遷居巴勒斯坦以後學會說希伯來文（這是以色列建國以前的事了），搬到巴黎開始學生生涯時則學了法文。一九五六年，我首次抵達美國時，跟所有移民朋友一樣，英語能力非常有限，而且有腔調。

當時的我，操著嚴重的德國腔，因此，好意的朋友們建議我去上專業的正音課程，好矯正發音，最好完全根除德國腔的痕跡。（戰後的紐約和很多地方一樣，仍有著非常強烈的反德意識，朋友們是擔心我的安危。）但那時我既沒錢，也沒有時間上課，而現在回頭看，我很慶幸當年沒有這麼做。正因腔調辨識度高，才能在廣播節目中被觀眾記住，它成了讓我名滿天下的功臣。

我相信，移民朋友們一定都很努力試著融入新的生活環境，但真的毋須矯枉過正——不必恥於腔調、改變穿著，或任何讓你與眾不同的地方——反過來，用這些特點來交朋友吧。

遇到新朋友時，便展開笑容問對方：「你聽得懂我說的話吧？雖然腔調很重。」這樣的問題，有相當機會能開啟正面對話，聊聊你從哪裡來、是如何來到這裡。

只要能開啟對話，就有建立新關係的機會。如果有人很明顯不想與你深交，不管原因為何，只要把他拋在腦後、著眼未來就好。

關於我特殊的說話風格，容我分享另一則絕對無法捏造的故事吧：知道情境喜劇《70年代秀》（*That '70s Show*）的演員黛博拉・喬・勒普（Debra Jo Rupp）甄選上馬克・聖日耳曼（Mark St. Germain）所撰寫的舞台劇《露絲博士傳》（*Becoming Dr. Ruth*，暫譯）的同名主角時，得先準備什麼嗎？當然是上課學我的德國腔啊！是不是很諷刺呀？

比起五星飯店，孤獨的人旅行時更好的下榻選擇是青年旅館！

18

放假旅行時，下榻地點的選擇非常重要。是的，我跟大家一樣都愛大飯店，其中最喜歡的，是耶路撒冷的大衛王酒店（King David Hotel）。這間酒店有我想要的一切——美不勝收的室外游泳池、能一覽耶路撒冷的風景，還有充足的室外座位能品嚐精緻小點——但它唯一沒有的，就是聊天的對象。除非問禮賓部專員問題，不然，可能會好幾天都沒能跟任何人類說上話。

這就是為什麼我覺得，青年旅館，特別是住宿加早餐（B&B）的類型，才是孤獨朋友們最適合的住宿選項。這種小旅館的主人特別熱情好客，想讓你有賓至如歸的感覺，因為你的確可能是住進了他們家裡。你甚至不必開口問問題，主人們就會主動推薦能從事什麼活動、去哪個景點。吃早餐的時候，也不必像在大飯店一樣，走進偌大的餐廳，看著每位住客埋頭吃自己的。小旅館的主人會讓少少的幾位旅客一起在家裡的餐廳用膳，這時候對話就更容易自然發生了。也許你跟另一位單身旅遊的住友，會就這麼決定要一起參觀當地的博物館也說不定。

一生懂你愛你的親友，
是無上的心靈財富。
銀行存款固然重要，
但錢與工作
不是人生唯一選擇。

19

我在德國法蘭克福長大，納粹取得政權之前，法蘭克福是孩子長大的天堂。家鄉四處都是田園牧歌的風景，每位鄰居我都認識，而且父母親好像從來都不會忙到無法牽著我去店裡，或帶我上學。

對有些人，特別是在美國有大學學歷的朋友們來說，為了工作遠離家鄉，是很常見的事情。大陸另一端的城市，也許會提供更響亮的職稱，與更高的薪水。但，離開孩童時期的朋友與家人是有代價的。

如果奮發工作十年後，忽然想要建立家庭時，該怎麼辦？雙親遠在三千英里之遙，沒有現成的後援系統，會倍感孤單無助。不小心摔斷腿或罹患慢性病，需要長期照護時也是一樣。生命出現困難時，若身邊圍繞著已經認識一輩子，懂你、愛你的親友，一切都會容易許多。（住在同一個時區，你也較能照顧年邁的雙親、保持情感上的連結。）

我鼓勵大家，將心靈財富的優先順序排在銀行存款之前。

是的，錢很重要，而且寫作此時的我，已經很久沒有為繳不出帳單而煩惱過；但是，盡量不要讓錢和工作，成為選擇住處唯一的考量。何不想想自己幾年後的人生與存在的模樣？屆時，生活型態跟需求都有可能改變。

直接說出需求，
才能讓他人
有機會了解、認識
以及滿足你。

20

有任何需要都應該大聲講出來，在哀悼期間更該如此。如果周邊親友無法提供情緒支持，或者不理解你正經歷的哀傷，必然會讓你陷入深深的孤獨中。但，不要預設親友的立場，他們可能根本沒有經歷過類似的事情、也不具備讀心術的本領。這時候，若你不直說，他們怎麼知道該陪伴你呢？

本書合著者艾莉森．吉爾伯特是名記者，她常書寫與哀悼相關的主題。如果在另一半忌日時，沒有人記得打給你，會讓你覺得很孤單，艾莉森建議，直接與一位親友約好，請他以後都在這一天打來，這樣明年，你就不用再擔心最寂寞的日子無人問候。

我的廣播聽眾與電視觀眾們一定知道，我一直以來都很強調溝通彼此在房事上的願望有多重要。如果喜歡特定某種感官刺激，就一定要講到你的愛人聽懂為止！喜歡接受口愛的人，就該明白地要求對方多給一點！這種直截了當的態度，在人生各個階段都很重要，悲傷時也是如此。

溝通才能讓他人有機會滿足你的需求，一旦需求得到滿足，就不會再如此孤單。

與家人相處時，你會發現這個道理特別實在，所以下一章，我們要來鎖定家庭關係。

輯二

家人

與孤獨奮戰的途中，家庭的角色至關重要。有幸身在家庭中的朋友，能在家人身上找到強大且無法取代的歸屬感與理解，家人也能帶給你安全感、扮演你的後援系統。家庭的威力如此強大，有的人甚至因此不曾有過孤獨的體驗。也因為家庭關係是社會連結最關鍵的一環，**你應該將維持、修補、強化家庭紐帶，當作生命中優先順序最高的要務**。

當然，我很清楚，不是每一種家庭影響都是正面的，而且失去家庭紐帶的朋友，一定會覺得特別孤立無援。你可能從小就耳濡目染，認定無論發生什麼事情，家人都會在背後支持你，所以當你不再擁有那種無條件的愛與支持時，人生就忽然變得無比空虛。我也知道，死亡會帶來深深的孤獨感，因為我在很年輕的時候就失去了家人。與家人分離以後，我很努力地和他們保持聯繫，書信往返了好一段時間，直到有一天，那些信不再得到回應。我渴望家庭好久好久，最終決定從零開始，打造屬於自己的小家庭。

人際餐盤中的這一塊，主題是重新打造與家人間的關係，不管你們是疏遠已久、因親人過世而分離，或單純只是住得遠。

美國心理學會將孤獨定義為：「由實際獨處，或者自我感覺孤軍奮戰，所造成的身體不適與心理不安。」注意這裡的用字：「自我感覺」。

你的孤獨感有多深，取決於對自己的境遇，是如何感受、理解。覺得自己無能為力的人，孤獨的感受就更深刻。這就是我寫此書的目的：我想告訴各位，修補與父母手足間的關係不是不可能的。**就算原生家庭已不再存在，你也能打造全新的家**。想與疏遠的家人重新熱絡起來，當然絕對可能。我甚至相信，你與逝去的至親之間，也能維持緊密的關係。（在肢體與精神家庭暴力的案例中，專注在打造類似家庭的新關係，會讓人較有安全感，且能賦予我們力量。）

聽我一句，只要投入心力強化家庭關係，你的人生必定會煥然一新，變得更加豐富、更加圓滿。我打賭，你的幸福感也會隨之提升。

就算不能改變遭遇，也可以在惡劣環境中試著找到樂觀的理由。

21

夠幸運的朋友們能擁有家庭，提供一個遮風避雨的安全港灣。無論發生了什麼事，你在這一群人當中，都被完整地接受，有十足的歸屬。共有的歷史、傳統、價值觀，就是能創造這樣強大的連結紐帶。不過，家庭也有可能在一夕之間，突然分崩離析。有時，不是因為我們說了不該說的話，或做了不該做的事，而單純只是一念之間。

你一定知道，人的行動是由想法來決定的，負面的思考，會在現實生活中一一體現——所以，你沒猜錯，往好處想，往往也能帶來正面的結果。

我相信，不管受了怎麼樣的傷，都能以改變想法來弭平。對事情的理解和體會比客觀現實更重要，就算不能實際改變遭遇（也許你和某位家人已不再對話），你也可以改變自己如何看待眼前的現實。鼓勵自己保持信念，相信總有一天我們終將看到更明亮的未來，保持開放的心態，準備好迎接不再蒼涼的生命，也準備好修補任何生命中的家庭關係。

這一個教訓，是我十歲時學到的。

納粹帶走我父親的那一天，我們在法蘭克福老家裡。我清晰地記得，從窗戶看出去，父親正被引導著走上卡車時，他抬頭望向我，微微一笑。我永遠忘不了那一刻，他臉上讓我安心的表情。我很清楚，他絕對沒有微笑的理由，那一刻的他，肯定對即將發生的事情滿懷恐懼，不管是在自己身上、還是在自己的獨生女身上。但在這樣驚懼的時刻，他卻選擇微笑，讓我能抱持希望。

幾個禮拜後，母親和祖母讓我搭上了前往瑞士的火車。這是一班由難民兒童救援運動安排的火車（Kindertransport），當時專門用以拯救猶太兒童。列車緩緩離站時，我確保母親和祖母能從窗戶看到我的微笑。其實那時我心裡嚇壞了，不知道還有沒有機會、什麼時候才能再見到摯愛的家人，但我盡己所能讓他們心安，就像父親為我做的一樣。

我知道這很難相信，但在火車行駛的途中，我一度站到座椅上，開始唱起學校教過的希伯來文歌曲。我扯著嗓子大聲歌唱，其他孩子們很快就加入了。全程都沒有人哭泣，只有不間斷的歌聲。

想修補關係的裂痕，也許得先裝笑到能真心笑出來為止。
也許得原諒和忘記，也許得先改變自己的心態——
相信你與家人之間不是永遠沒救，還有機會破鏡重圓。

唯有如此，才有可能重建破碎的家庭，因為你會敦促自己往好處想，在惡劣的情形中找到樂觀的理由。

對了，在那一班火車上，我還學到了另一件事：能為他人提供安慰有多美好。我無從得知，從車窗外看見我的微笑時，母親和祖母有沒有得到安慰，但我的確努力地傳達希望，就像父親當時帶來的力量。雖然在那班火車上，沒有任何家人同行，但我來得及帶上一個伴：我最喜歡的洋娃娃。當時有一個年僅五歲左右的小女孩，就坐在我隔壁，哭得比我還慘。所以，我做了什麼呢？把洋娃娃送給她。這些過往的點點滴滴，是我成為心理治療師的種子，就是從那時候開始，我發現自己有療癒他人的能力。

鼓勵自己出席
每一場家庭聚會，
如果遇到討厭的話題，
從中抽身也無妨。

22

鼓勵自己出席家族每一場婚禮、畢業典禮、堅振聖事、成年禮……任何與家人有關的活動，都別錯過。不要只因為不喜歡哪一位阿姨或者叔叔、姪子還是姪女，就對家庭聚會敬而遠之。

越孤獨的人越需要家庭。

如果每一次家庭聚會你都躲起來的話，就無法建立你喜歡的家庭關係。

但這還不是最糟的結果。如果你每一次都擠出不得不婉拒的理由，藉故缺席，很快地，你的家人們就會放棄，不再邀請你了。你這輩子再也沒有出席滿月宴或退休派對的機會。

我懂，聽著某些親戚滔滔不絕地發表讓你鄙夷的論點，還必須假笑的感覺很不愉快。但，請記得，家庭聚會就是社交聚會，跟雞尾酒派對一樣，你可以起身走動，從不喜歡的話題中抽身，尋找下一個，不必花太多時間應付任何人。

少一些批判

找到能與親戚
和平共處的方法。
既然你也不完美，
就該多一點容忍。

23

大家或多或少都體會過孤獨，但因為你正在閱讀此書，我合理推想，你的感受可能比大部分的人更深一點。這就是你不完美的線索。和所有人一樣，你也有缺點。

為什麼要講這個？因為你的親戚之中，一定也有人有缺點。他們是不是喋喋不休、讓人煩躁？還是自以為比你聰明，所以惹惱你了？不管你的不滿和委屈是什麼，既然自己也不完美、而且又覺得孤單，那就該找到與他們和平共處的方法，將他們納入生命之中。

忽略那些討厭的部分吧。

咬舌頭、憋氣、用力吸薄荷糖、喝口茶，

或者乾脆下定決心上前與他們互動，想辦法適應——

無論如何，不要輕易丟掉手上的關係。

如果哪位阿姨或嬸嬸總是在同一個話題上講個不停，下次再見到她之前，先想好你能問哪些不同領域的事情，藉此順利轉換話題。如果祖母聽力不好，而你討厭大聲講話，那就記得少講幾句——但別忘了握住她的手。我向你保證，她一定會很開心，而且你們兩人都能驅走一點心裡的孤單。

對了，我從來不怕開口請朋友或親人握住我的手。不管心裡有多悲傷、挫折、疲累，我都能用這種方式與身邊的人溝通。觸覺有著強大的力量，用不著開口，也能讓我們感到身邊有人陪伴。

勇於認錯

收斂自我，
試著開口說「抱歉」。
不要讓無謂的自尊
造成更大的痛苦。

24

一九八五年底到一九八六年初，我陷入了一場頗大的爭議。紐澤西州蘭西區的一位圖書館員聯絡出版社，投訴我所撰寫的《初戀》（*First Love*，暫譯）一書。他對編輯堅持，那本書立刻就該下架、不得再流通。不，這本書並沒有被禁，裡頭並沒有過度露骨的用字。當時發生爭議，是因為書裡出現了一個影響不小的漏字。

在關於懷孕風險的段落中，我寫著：「在排卵期當週與前一週進行性行為是安全的。」這當然不對，該句子中少了「不」這一個字，那段時期進行性行為是「不安全」的。

出版社召回了十一萬五千本書，將關鍵的這一個字補了回去，再次出版時，還換了全新的書封。真的無法想像，當年書裡怎麼會出現這樣的錯誤，因為我不可能不知道正確的資訊；但我毫不猶豫負起責任。這本書上寫著我的名字，所以這就是我的錯。

你會承認自己的錯誤嗎？不願意開口說聲「我很抱歉」，可能就是家庭關係緊張的原因，也有可能是你孤單的原因。想讓人際關係起死回生，你可能要吞下驕傲、表達歉意，就算晚了好幾年也沒關係。

願意承認自己做錯事，會讓你處於更有利的位置，使家庭關係步上正軌。

就算你的小缺失沒有上全國頭條（當年我的漏字，幾乎全美國的報章雜誌都有報導），更正自己的錯誤永遠不嫌晚。收斂自我，不要讓無謂的自尊造成更大的距離和痛苦。

懂得厚臉皮、
適時放下身段，
是培養家庭關係中
最重要的事。

25

在呵護、培養家庭關係這件事上，厚臉皮很重要。開不起玩笑、放不下身段、太容易覺得沒面子的人，要不就乾脆接受一輩子孤單吧。也許你的繼父蠻橫無理，或者你母親的政治立場讓你不爽，但你得學會裝作看不見這些令人厭惡的部分。你的臉皮得比任何人都厚。

鯨鯊是世界上所有動物中皮最厚的物種，想讓家庭關係親密和諧，你就得啟動內心鯊魚的能量！

我常在佛列德的親戚面前選擇閉嘴。他很多家人覺得我們根本不該結婚，覺得佛列德能找到更適配的伴侶。當時的我是個單親媽媽，他們認為我根本配不上他們家的金童。佛列德告訴我這些親戚的看法之後，每次見面時，儘管知道他們暗地裡不贊成我們結婚，我還是得勉強自己微笑、佯裝友善。然而，隨著歲月逝去，我內心對他們的態度也漸漸軟化，他們對我有愛、我也喜歡上他們。若是當年執著於內心的憤怒，兩方都將失去與彼此交好的機會。

如果有人對你不體貼，忘了吧。如果一再發生，就直接把話說開，解決問題的根源。不要讓關係愈來愈緊張、也不要讓情緒的傷口惡化。如果發現有親戚老在背後說你的壞話，最好的應對方式，也許是想想鯨鯊、閉上嘴巴。

聆聽的人不能講話。
不要高談闊論，
多些同理、少些批判。

26

本書第17節〈擁抱自己的不同〉中提到，剛到美國的時候，我的英語能力有限。雖然能和其他人寒暄問好，但身為難民，要在繁華的紐約找到方向重新出發，可說困難重重。當時維繫我生存命脈的，是為猶太裔讀者發行的德語報紙《建設報》（*Aufbau*，暫譯）。有一天，我在該報上發現了後來將改變自己一生的廣告：新社會研究學院（The New School of Social Research）提供社會學碩士的獎學金，只有受害於納粹的倖存者能申請。次日，我立刻前往，不到二十四小時就得到了獎學金。在學院中，更認識了一生摯友漢娜・史特勞斯。

漢娜傳授予我的智慧超越任何人，她教我維護深厚的人際關係中最有價值的一課：當個好的聆聽者。無論我說了什麼，漢娜總能讓我覺得那值得一聽。她全神貫注在我們的對話中，從不會表現出輕蔑態度，認為那些煩惱不值一提，並總是急切地想知道我的好消息。她擅長主動聆聽，給予不倉促、不分神的專注，因此，漢娜讓我覺得自己很重要，而那種感覺讓我愈來愈喜歡她。

成為治療師後，我盡己所能複製漢娜給予的經驗。在診所中，以成為最好的聆聽者為目標，幫助客戶找到解決方案；在廣播中，則盡力讓所有call-in的聽眾覺得自己的煩惱值得大家關注，而且他們不管問什麼，都絕對不批判。

聆聽的人不能講話。只要不講話，你就不會一副什麼都懂的姿態，也不會讓其他人覺得自己優柔寡斷或舉止愚昧。只要能適度同理對方的憂慮，不要找到機會就插嘴高談闊論，家人便會因此覺得與你更親近，伴侶關係也會更深刻。孩子們遇到了困難，就陪著他一起面對，不要急著插手解決。

當每個人都急於發表意見，沒有人願意聆聽時，
就是家庭關係產生裂痕的時候。

下次，只要沒有人問，就別急著給予對方意見。想想漢娜，把耳朵打開、嘴巴閉上。

開口請求協助

為自己任命一位
專屬的孤獨大使，
誠實告白心中感受。

27

我是猶太裔德國人，我們堅忍不拔、善於將委屈往肚裡吞，我的家人都覺得忍耐是美德。某些程度上，我仍維持這樣的習慣，但已不再把自己的問題完全留給自己，尤其年事已高後，我早就不得不接受，生命中有很多挑戰，是無法獨自解決的。

只要是與健康照護有關的事，我都會告訴我的女兒彌芮安以及兒子喬爾，這樣他們才能確保我得到足夠的輔助，能應付生活起居。接受協助、展露弱點，並不符合我的先天性格；然而，回顧一生，在很多方面，我或許都早該多尋求他人的幫助。如果能學會示弱，那麼當年一邊衝刺事業、一邊撫養孩子的時候，我想必能輕鬆不少。

我希望你能吸取以上教訓，願意試著開口請求他人的協助。這當然不是在鼓勵你在脖子上掛個看板，上頭寫著「我很孤單」，然後在鄰里間到處廣告；而是希望你能為自己任命一位專屬的孤獨大使。至少找到一位至親，誠實地告白自己心裡的感受。也許是堂兄表妹、也許是阿姨嬸嬸，甚至是爺爺奶奶，都能扮演這個角色。對他們坦誠，讓這位專屬大使告訴其他親友，你樂意收到更多簡訊、電話，更歡迎大家來家裡坐坐。

孤獨是隱形的，你偽裝的表象也許太完美了，導致家裡沒有人發現你心裡的孤單。

不承認自己需要幫助的人，可能永遠都不會得到幫助。

我們無法
讓摯愛起死回生，
但可以決定
自己的行動與話語。

28

家人之間不再討論某一位成員的原因有很多：死亡、牢獄之災、離異、藥物成癮，或者任何原因導致的疏遠、任何形式的家庭暴力。

我們固然無法讓摯愛起死回生，
也無法單方面改變家人對某一位問題成員的看法，但至少，
不管在什麼場合，我們都可以決定自己的行動與話語。

就算沒有人願意提及，也可以主動談談你的姊妹、兄弟、父母親，在對話中提到他們的名字。全家可能只有你一個記得他們的生日或忌日，勇敢講出來。

忽略家裡曾經有一位重要的成員，彷彿你是唯一一個記得他們、在乎他們的人，會格外孤單飄零。這是寂寞中的寂寞——你深深思念遠去的摯愛，卻無法開口尋求他人的共感。要打敗這種孤獨感，請勇於大聲說出這些已經不在身邊的親人的名字。任何感動的時刻、任何你渴望連結的時刻，都不要害怕。

製造重新聯絡的理由

找個藉口，再次與
失去聯繫的親戚聯絡，
讓家庭關係
回歸到生命中。

29

若只是因為長期沒有聯絡，而失去與某些家庭成員說話的機會，也許找個藉口再次與對方搭上線不失為良方。當然，直接打過去也沒有問題，但他們可能會感到尷尬、唐突。這時候，請對方協助你完成追溯族譜的工作，就是再次相聚的完美理由。如果還沒研究過你們家的世系圖，是時候了，現在就開始吧！

撥出第一通電話，邀請對方給予協助。要是他住得不遠，別忘了補上一句：「我們找時間來研究一下相簿吧。」如果一對一的互動會讓你感到不自在，可以嘗試找一小群親戚一起。

這種聚會能讓大家分享回憶，我打賭每個人都會感到一股有意義的連結——其中，你的感受一定最深，因為是你的計畫把大家凝聚起來的。

比起族譜，更喜歡製作影片的話，也可以邀請親戚參與訪談。我製作過幾部紀錄片，兩次以製作人身分，一次則是以演員身分，參與萊恩・懷特（Ryan White）導演的《露絲博士怎麼說》（*Asking Dr. Ruth*，暫譯）。也許你不覺得自己有製作紀錄片的天分，但我強烈建議你重新思考看看。影片製作非常有趣，更能讓家庭關係回歸到生命中。不管選擇哪一種方式，有可以一起努力的目標，必能彌補、重燃你與親戚之間的關係。

舉辦家庭桌遊之夜

放下所有家事，
放下學校作業，
與家人同歡共樂，
能讓關係更融洽。

30

就算與伴侶及孩子們的關係良好，打理雞毛蒜皮的家務瑣事，也有可能讓你覺得自己像個隨傳即到的廚師，而不是被看見、受重視，且被珍愛的一員。未得到認可、付出不被珍惜，會磨蝕掉家人間的親密連結。

其實啊，身邊圍繞著以為能讓自己更完整，但事實上卻使你覺得自己像家具一部分的家人，也是一種孤獨感的來源。

這時，家庭桌遊之夜或許能派上用場。在幾個小時內，全家人在遊戲中互相競技，忘了所有家事、待辦清單，或學校作業。孩子們把父母視為遊戲中的對手，而不是操持家務的大人。只要記得抽出時間一起玩樂，就能讓家人的感情更為融洽。

我漸漸成名之後，有很多代言產品的機會找上門，大多數我都拒絕了，因為我給予觀眾們的建議非常重要，不想讓大家覺得我是來兜售產品的。我始終以維持「受正規訓練的專家」形象為要務，因為希望自己的建議能獲得觀眾的信賴。不過，我曾同意授權讓一款桌遊使用自己的名字——「露絲博士的終極性愛遊戲」（Dr. Ruth's Game of Good Sex，暫譯），因為這款產品能夠傳播極有價值的性知識，讓不曾接觸過的受眾了解。

當然，我不建議你在家庭桌遊之夜使用這一款遊戲（兒童不宜！）。不管是「青蘋果與紅蘋果」（Apples to Apples）、「車票之旅」（Ticket to Ride），或者經典桌遊「妙探尋兇」（Clue）和超好玩的紙牌遊戲「尤克牌」（Euchre），都是適合闔家同樂的競技遊戲。

製作「露絲博士的終極性愛遊戲」竟讓我感到與父母更親近。創業初期得幫公司取名時，我選擇了「卡若拉」來紀念出生時父母給予我的名字。移民到以色列時，大家告訴我，這個名字帶有太濃厚的德語色彩，應該改掉。我決定將本名與中間名交換，中間名露絲成為了本名，而第一個本名卡若拉則成了中間名。

那時的我很恐懼，不想完全捨棄卡若拉這個名字，因為若雙親有機會從集中營倖存、到處找我的話，名字內得寫著卡若拉，他們才能辨識。雖然很遺憾地，與父母重逢的夢想並未成真，但回首當年，選擇將公司命名為卡若拉，無疑強化了我與父母的關係，也為我們之間的連結注入新的意義。

即使不在彼此身邊，
也有許多遊戲
可以創造共同經驗，
加深連結。

31

我很喜歡下西洋棋，孫子們年紀一到，我就把棋拿出來，跟他們一起玩。其實，不管是哪一款遊戲，只要能讓彼此鬥志較量，都是加深連結的好機會。不要找藉口：「可是我的孫子們住在很遠的地方呀。」就算住在其他的州或國家，你還是可以找他們玩遊戲，不是嗎？

《紐約時報》（*The New York Times*）是我最喜歡的報紙，裡頭有滿滿的優質內容，能增進家庭關係。Wordle拼字遊戲、Connections文字分類遊戲、迷你Crossword填字遊戲……都很值得一試。這些遊戲特別棒的一點，是不管身在何處，每個人當天玩的都是同樣的題目，讓你和家人有絕佳的理由持續保持聯繫，不管距離有多遠。不僅如此，玩家們也能透過簡訊輕鬆地分享結果，我還認識不少父母，是跟正在上大學的孩子們一起玩呢。對他們來說，《紐約時報》的每日遊戲，是在學期當中與孩子維持聯繫，最簡單且有趣的方式。

其實，分享成績、自吹自擂並沒有什麼了不起，
但這些可靠而穩定的社交互動，絕對能帶來益處。
畢竟，只要雙方有共同的經驗，維護關係就容易多了。

招待親友能得到的，
遠勝於一頓飯，
還有相處當下，
強化人際關係的機會。

32

我的女兒彌芮安還在襁褓中時，我是個單親媽媽，沒有錢可以雇請保姆，也自然沒有時間與親友聚會。我的解決方案，就是把親友找來，在自家公寓開派對。這劑解藥既簡單，又成效驚人，即使彌芮安早已長大成人，我仍常常在客廳招待親友。

我在Lifetime電視台製作的節目《與露絲博士談美好性愛》（*Good Sex, with Dr. Ruth Westheimer*，暫譯）的主持搭檔賴瑞．安傑洛（Larry Angelo）對這些聚會印象深刻，我們為他的書一同探索這段回憶時，他的語氣滿是懷念：「每個人都會帶著食物上門，也許我們該把這歸類為『一人一道菜』的派對。」一次又一次地，我把家中大門打開，始終為親友們扮演著女主人的角色，多年不變。

不管是籌辦小型的聚餐還是大型的家族聚會，如果總是只有你一個人發起行動、張羅一切，很容易不小心就心生怨恨，覺得「夠了」，不想再單方面付出。我懂，人往往會不自覺地計算起自己招待了多少次，但對方都沒有回請。

我鼓勵你換個角度思考：作東的回報，並非未來的某一天能到哪位親戚家蹭飯；你所得到的，遠勝於一頓飯，當你作東時，大家會配合你所選擇的時段，而你立刻就能獲得強化人際關係的機會。

我們永遠無法知道親戚家門內實際的情形。也許堂兄表妹覺得自己家裡的陳設上不了檯面，也許他們負擔不起作東的開銷（提供飲料和其他待客用品）。總歸一句，即使只是單純為了舒緩自己孤苦伶仃的感受，你也該作東。

不要想誰之後會不會邀請你去他家作客。

享受親戚的陪伴、與大夥一起共度美好的時光，

能得到如此回報就已經足夠了。

與伴侶組隊運動

想重燃愛火，
不妨先從臥房外開始。
與伴侶一起運動，
能製造親近的契機。

33

我在諮商室裡面對過各種性生活問題，不再享受性生活的伴侶很常見，而更常見的，是他們失去「性趣」的共同原因。

我常發現，許多伴侶陷入與彼此失去連結的生活模式，就算他們還住在同一個屋簷下、在同一張床上入睡又甦醒，卻各自感到孤獨——也許可說比單身時還孤獨——因為兩人心裡都有著未被滿足的期待，在他們之間，伴侶間應有的親密連結了無蹤影。

這種狀況下，要重燃愛火，也許要從臥房外的地方開始。想想你們可以一起從事哪些有趣的活動。親密關係變得緊張的原因，往往源自於伴侶之間不再共同行動。匹克球通常是雙打，比賽時網子兩邊各有一對選手，我特別喜歡這種組隊的概念。我也熱愛跳舞——尤其是國標舞、騷莎舞、狐步等——這需要和伴侶互相搭配、同步行動，而且肢體接觸特別多，能增添情趣！

肢體接觸有助於打造情緒上的親密連結。組隊參加運動比賽的時候，必得合

作才能贏。跳國標舞時，雙手需要緊緊相握，也常得用力把自己的骨盆往伴侶的
的臀上推去。

肢體上的親近與同步具備強大力量，
能拉緊伴侶間的情緒紐帶，這些活動也能帶來共同的回憶，
更深化親密關係。

珍惜伴侶相聚的時光，
不代表得放棄自己
喜愛的事物。

34

前一節提到，伴侶應重視組隊運動，但這並不表示你們必須時時刻刻如膠似漆。這裡的奧秘，就是在共享的生活與自己的時間中，找到健康平衡的分配。

兩者之間有著一個甜蜜點，

讓你既能感到自我實現，也可維繫關係的圓滿。

也是在這一個甜蜜點上，你能看見完整的自己，

同時感受到家庭的歸屬。

我嫁給第三任丈夫佛列德的時候，就知道他已有一個愛人：紐約州帕特南谷奧斯卡瓦娜湖上的一塊地。他最喜歡在那裡消磨時光，不管我同行與否。孩子們跟我都很喜歡水上活動，但如果我有其他行程要跑（有好一段時間，我的出差行程總是滿檔），就會選擇不參加。說實話，我不去他根本沒差，能一個人去，他反而會樂不思蜀。

如果出差時，佛列德不得不獨自留守在曼哈頓華盛頓高地的公寓裡，他一定會不高興我一天到晚出差；反過來說，如果我得放下堆積如山的工作，陪他去湖邊度假，那我一定也會覺得憤怒、不受尊重。

偶爾各自往不同方向前進，也能強化關係。如果把真心在乎的事情束之高閣，放任自己為對方做出太多妥協，最終失去自我，孤獨感便會悄悄來襲。不要輕易接受不理想的狀況，找伴侶一次把話說開來，人生不應該在悲慘的內心獨白中虛耗。

勇敢結束關係

已無法挽回的時候，
果斷結束關係，
也許對你更有益處。

35

不管嘗試了多少活動，不管是兩人合作還是各自努力，如果仍無法甩開內心的愁雲慘霧，也許結束關係、從頭來過更有益處。相信我，我是過來人，我擁有三段婚姻。前面提過，摯愛的佛列德是我的第三任丈夫，不過，我還沒分享到兩位前夫的故事。

大衛是我的第一任丈夫，我在以色列的幼兒園任教時，透過共同朋友介紹而認識的。他既聰明又英俊，更棒的是個子不高，還擅長跳舞！我對大衛幾乎一見鍾情，短短幾個月內，我們就成婚了。

這一次的婚姻在混亂中收場。我們太年輕了，結婚後不久就分道揚鑣。

和大衛分手後，我認識了丹恩，當時我住在巴黎，和他一起決定離開法國、遷居美國。抵達紐約以後，我們在之前提過的《建設報》上找到了一間公寓，當時，我們並沒有結婚；然而，我意外懷孕了。我們只好結婚。來到美國的一年後，彌芮安出生了，但就連她這樣美麗而珍貴的寶寶，也救不了我們的婚姻。

丹恩跟我發現，我們並不適合彼此。和大衛一樣，如果勉強自己死守婚約，我一定會過得悲慘又孤單。他不是我命中注定的另一半，就算選擇至死不分，他也永遠不會變成那個對的人。

你和另一半是否也漸行漸遠了呢？諮商有沒有辦法修補你們的親密關係？有可能，但治療師並非魔術師。如果一段關係已到了盡頭，那越早決定離婚越好。雖然有時，個人財務會讓離婚問題更為複雜，但我希望你能出發，找到下一任伴侶——讓自己更快樂、生命更完整的對象。

只要容許精神自由翱翔，就有空間重新認識自己，開發一段更令你滿足的親密關係。

不是每一段關係，
都必須戲劇化地收場。
試著展現善意，
別拋開既有的夥伴。

36

丹恩沒有家人，但大衛有，我跟大衛離婚後常提醒自己，跟他的家人保持聯絡。大家應該還記得，我在納粹迫害期間失去了父母親和祖父母，彌芮安出生的時候，除了一位遠在加州的舅舅之外，我舉目無親。我不願意再失去任何親人，也包含大衛的。在離異的好多年後，我仍跟大衛的父親保持熱絡聯繫。

很多人會犯這個錯，覺得離婚代表自己不得不放棄經營許久的家庭關係，這種狀況在配偶離世時也有可能發生。

充滿怨懟不滿地離婚後，分道揚鑣也許在所難免，
但不是每一種關係都得戲劇化地收場。

只需要費一點心思，就很有機會與前夫或前妻的家人保持良好關係。如果是喪偶，便更有理由主動與配偶原生家庭的成員聯繫，維持彼此在生命中的位置。不要輕易拋開一群已經懂你也愛你的夥伴們。

該怎麼做呢？對方生日那天，可以打電話聊一聊。狀況允許的話，約個時間與前岳父母或前公婆見個面。如果前配偶的大家庭在節慶時有互相交換禮物的習慣的話，就繼續參與這個傳統。可以展現善意的任何行動，都能助你維護或重建這些重要的人際關係。

夢、回憶、話題、物件
可以幫你和
逝去的家人保持關係。

37

我所擁有的物件中，最有歷史的，是一條擦澡巾。除了幾張父母和祖父母的照片之外，這是我童年唯一留下的物品。雖然它有插手口袋的設計，拿來洗澡很方便，但我從不會把它弄濕——對我來說，它更像博物館的收藏。我把它緊緊密封在透明收納袋裡面，好讓自己看得見，不用擔心它染上灰塵污漬。

我離開德國的那一天，就帶著這條擦澡巾，搭上了前往瑞士的火車。從瑞士啟程，朝以色列出發的那一天，也把它收進了行李中。當然，離開以色列前往法國，又輾轉到了美國的這一路上，我都沒忘了帶著它。書寫的此刻，我已九十六歲，而離開法蘭克福時，我僅僅十歲。這條擦澡巾白色跟海軍藍的部分，已有一些破損脫線的地方；但幾乎所有橘色跟黃色的部分都保存良好，這不啻是奇蹟。

我認為，物件能傳遞你和摯愛親友之間的關係。這條擦澡巾是我雙親的回憶，它總讓我感受到自己仍與父母親緊緊相連。

逝去的親人仍是人生的一部分。
就算軀體已不在你身邊，他們的存在依然能夠減輕孤單。

九〇年代，有一本書叫做《延續關係的紐帶》（暫譯）[10]，在諮商師的圈子內廣受好評，因為它提出許多與逝去親人保持連結的觀點。作者認為，「奉獻與愛意並不會隨著死亡結束」，也因此，哀悼中的家屬不應與死者切割，而且可以透過「夢境、回憶、與之相關的話題，以及會讓人想起他們的寶貝物件」來延續這一段關係。

我覺得，你也可以試著與逝去的親人對話。如果你的母親在你成年之後才離世，且生前你們感情融洽，那麼，每當你心裡出現若她還在世，你會想問的問題時，腦海中想像的畫面，便極有可能是真正的她會給的回應。你太了解她了，以致於潛意識能鮮明地描繪出你們的對話可能的樣貌。

10 原書名為*Continuing Bonds*，作者為Dennis Klass、Phyllis R. Silverman與Steven L. Nickman，初版於一九九六年由Taylor & Francis出版社出版。

當然，我不希望你一整天都在與逝去的母親對話；然而，如果時不時讓她造訪心靈，能幫你減緩孤獨感的話，那當然應該在渴望連結感時妥善運用。就算情緒忽然襲來也不要害怕，這都是很正常的，毋須慌張。

關於擦澡巾，還有一點不得不與各位分享。為什麼它對我來說，會如此特別呢？因為上面用莓紅色的線，繡著我出生時的姓名縮寫——K.S.，代表Karola Siegel。它們被縫在插手口袋中，也就是使用時手腕內側會碰觸的部分，從外觀看不出來。要看見刺繡的字樣，一定得將它捧在手上，並往裡頭看。每當我將手伸進口袋，毛巾的觸感就會帶我回到法蘭克福，回到所有的家人身邊。

內心的羞恥和內疚，
也許就是孤獨的源頭。
不要過度感到罪惡，
試著彌補、修復傷害。

38

我們常常不遺餘力地責怪自己。也許你曾犯錯，讓父母、兄弟姊妹或孩子們傷心痛苦，而內心的羞恥和內疚，可能就是孤單的元凶。

請立刻放過自己，你對自己太嚴厲了。

不管你做了什麼，又因此傷害了誰，都不要把自己鎖進罪惡與自責的堡壘中。如果還能彌補，那就一定要去做，不管是大是小，都請立即採取步驟，修補已造成的傷害。

療癒的流程開始以後，才能打開心胸擁抱重建的關係，而非就此關上心門。

每個人都值得擁有親近的關係。你的家裡若有人不同意，請告訴他，這是露絲博士說的。

創造自定義的大家庭，
互相信賴、保護，
從中獲得安全感與愛。

39

如果你沒有家人，請相信也是過來人的我：你一定可以打造出屬於自己的新家庭。親手編織出的新家庭，能夠減輕孤單。不論你失去原生家庭的原因為何——也許像我一樣，家人都離世了，又或者因為工作，而與彼此距離遙遠——難道這就表示你再也無法與家人度過美好時光嗎？這就表示你需要的時候無法得到任何支援嗎？我的答案始終不變：絕非如此！

一生中，所有願意與我成為至交、而不只是點頭之交的人們，都被我納入自定義的大家庭中。我們互相信賴，不論彼此就住在附近，還是遠在另一塊大陸上。我用一般人維護家族情誼的心力，來維護與這些朋友之間的聯繫，打造了一種全新的家庭單位，因為我渴望家庭能帶來的安全感，與無條件的愛。

要如何實踐呢？舉個例子，如果有朋友住得很遠，而你們又已經很長一段時間沒有聯繫，所以覺得這時候貿然聯絡人家很奇怪——請克服心魔！

不管彼此的距離有多遙遠、不管上次說話是多久以前，

我要你對自己許下承諾，

你會排除萬難與朋友們恢復聯繫，而且繼續保持關係。

如果你的目標是讓友誼昇華為家庭關係，那就更要主動。有些朋友可能會抗拒，暫時不想深入融入你的生活，但我想大部分的人都會樂意嘗試新的機會，花更多時間一起相處，更加了解你。

當然，要從友誼中發展出新的大家庭，總得要先有一些好朋友吧？在下一個章節，我們一起探索如何找到新朋友。

輯三

朋友與情人

廣袤地球上的每一個人，都有可能成為你的朋友或情人。我知道你可能覺得這說法有點誇張，也可能為此感到不知所措，但我的目的是帶來希望。**在能真心相信之前，請一遍又一遍地對自己說：「我會找到新朋友。我會找到親密伴侶。」**

如果念了無數次後，你還是深信只有奇蹟能改變眼前的困境，那麼請聽好了。奇蹟會發生的，因為某一程度上，我的人生就充滿了奇蹟。不過，我們可不能只是消極地坐在那裡等待神蹟，或無法解釋的超自然幸運現象發生。**朋友與情人不會忽然從天而降，因為人際關係是需要用心培養的。**

想找到最速配的朋友或情人，就得常常出門約會。從很多方面來說，打造有意義的人際關係，是一場以量取勝的競賽。你可能遇見不錯的對象，與他共同度過許多時光，但是兩人間的化學效應，不知怎麼地就消退了。我建議，想提升勝率，就要一次播下許多種子，看看哪一顆會開花結果。「朋友與情人」這一章之中的每一個點子，都能派上用場。

本書一直強調，孤獨的解決之道就在自己手中。治療孤獨沒有速效藥，你得細心呵護、按部就班，急不得。就像農夫一樣，要產出豐碩的收成，必須先耕耘人際關係之田。唯有誠心接納這個觀念，才能擺脫交友路上不必要的心理負擔。鎖上心門、原地踏步的人，注定繼續孤單飄零。

接下來所提供的策略，不只能幫助你培養帶來安慰、踏實感的友誼，也能打造性生活豐沛的浪漫伴侶關係。一路上，遇到一、兩個奇蹟也不用意外！只要往對的方向前進，任何事情都有可能發生。

唯一摯友，並非
豐富關係的必要條件。
試著保持開放心態，
發展不同關係。

40

「朋友」這個字眼有許多意義，除了日常的朋友外，工作上的朋友、朋友的朋友、摯友、兒時玩伴、酒肉之交，甚至「有性無愛的朋友」……有的人會以為，生命中若沒有一位最好的朋友，就等同世界末日；但請不要被這種想法制約。我深深相信，有很多關係型態都值得深交，不設限地發展，才能大幅度地改善孤立的感受。

我有許多不同種類的朋友，他們都為我帶來獨特的價值，其中認識最久的老朋友，也是第一任男友，名叫普茲。我們已經幾十年沒有一同行動，而且他住在以色列，但是，每一次與他交談，我都會得到深刻又滿足的親近感——普茲到現在都還叫我卡若拉呢。

另外，將近四十年前，露絲博士最火紅的時期，我認識了克里夫，他當時才剛從大學畢業，而我剛好需要人協助管理辦公室，特別是整理每個禮拜收到的成千上萬的粉絲信件。我們一拍即合、感情深厚，我決定延請他擔任私人助理，爾後我啟動全國聯合播送的電視節目《露絲博士答客問》（*Ask Dr. Ruth*，暫譯）時，也找他擔任助理導演。時間快轉到四十年後的今天，克里夫通常一個禮拜來拜訪我一次，我們偶爾也會通電話。他是某個樂團的成員，我還去看過好幾次現場表演呢。

還有一位很棒的朋友，名叫艾瑞克。他是我最近新認識的夥伴，我們住在同一棟公寓，幾乎每天都會見到對方，有時甚至一天兩次。最近我們決定一起合作一項音樂專案，目的是幫助祖孫增進感情（〈你的人際月曆〉一章中有更多詳情）。

有沒有發現，上面提到的朋友都是男性？我當然也有很多女性朋友，但舉這三個例子，是想傳達一個重點。不管男性、女性，異性戀或同性戀，都可以是你的朋友。不要誤以為生理結構與性傾向與自己相同才能做朋友，你可能因此錯失培養友誼的機會。

能找到摯友當然很美好，
但圓滿的人生與豐富的人際關係中，
唯一摯友並不是必要條件。

請不要死腦筋地認為自己得立刻找到一位友誼忠堅、至死不渝的莫逆之交。現在更重要的任務，是找到能共度時光的夥伴們，然後與其中特別有潛力的對象，慢慢締結深厚的感情。

擴大生活圈的過程，
也試著將時間
多花在值得的人身上。

41

你得做自己社交圈的專業經理人。請你果斷決定該花時間與誰往來、並在交際關係中貫徹意志，這樣才能交到有共同價值、興趣，且能帶來喜悅的朋友。你身旁是否總圍繞著同一群人，只因為你懶惰成性、隨波逐流？竟然不是因為他們也對你展現出交友的誠意、讓你覺得能安心做自己？如果這形容的就是你，那是時候該好好清點一下社交庫存，做出必要的改變了。社交圈的取捨攸關心理健康，不可不慎！

認識我的人都知道，我最討厭抱怨了。花太多時間怨天恨地怪東怪西的人，很難帶來正面關係。期許各位身邊都能圍繞著專注在活出美好人生的朋友，不值得為牢騷不斷的人付出時間，他們無法提振你的精神、更不可能拓展你的視野，這絕不是值得期待的友誼。

交朋友不是全有或全無的零和博弈。沒有必要把任何人絕對排除在生活圈之外，特別是能為人生帶來些許愉悅的人，不管那愉悅有多微不足道。

你該做的，是一步一步向著目標，
慢慢地拓展生活圈，
在這過程中，
漸漸把更多時間花在與正面樂觀的朋友來往。

不要以貌取人

別只因轉瞬的判斷，
就錯失美好友誼。
試著給別人兩、三次
相處的機會。

42

在交友的路上，一定會遇到一些人，第一眼看起來根本不是好友或長期伴侶的材料。

跟挑書一樣，不要只看封面。
若太快就決定放下，
可能會錯過讓友誼萌芽的機會。

我就有過因為太早下判斷，差點與絕佳機會擦身而過的經驗。當時，我在海外旅行——不記得確切在哪裡了——皮耶打電話來，說小白系列叢書（the Dummies）的出版商想一起合作一本《性愛小白的第一堂課》（*Sex for Dummies*，暫譯）。當時，我對這系列的書沒有印象，所以說：「拒絕他們，我才不寫什麼小白看的書。」

皮耶沒有照做，他先回頭告訴出版商他還無法聯絡到我，因為他知道我犯了大錯。回到紐約之後，皮耶說服我一起去逛書店，看看什麼叫做「小白叢書」，之後我立刻改變主意。《性愛小白的第一堂課》賣出數十萬本，還被翻譯成十七種語言。

我承認，當時聽到小白這個字眼時，滿腦子只想與它撇清關係。你也別只因為瞬間的判斷，就毀掉自己的機會，錯過美好又令人滿足的友誼。不同政治立場、宗教背景的人，都可以深交。我打賭，絕對有一開始你覺得其貌不揚的對象，最後反而會一步一步愛上他呢！

有些事、有些人一眼就能看穿，但這不適用於所有情形。鼓勵自己給別人第二次，甚至第三次機會，說不定就能找到值得深交的好朋友。

別讓「我們下次約」成為空談。開口提出具體的時間與地點！

43

如果渴望與他人相聚，那千萬不要滿足於膚淺又不明確的電話和簡訊。打電話問候、聊聊近況，固然是維繫關係很關鍵的步驟，但你知道電話與簡訊的往返缺了什麼嗎？具體的見面日期！

下次打電話給朋友時，記得開口提議一個見面的日期、時間和地點。主動絕對比被動好。掌控全局的人，更有機會得到想要的關係——不管你渴望的是能共進晚餐、未來也許可以成為伴侶的對象，或是能一起散步的好朋友。

對方的反應如果是：「好主意！我會再聯絡你。」卻再也沒有下文，請主動打電話或傳簡訊給他，給出一點點壓力。他對社交的需求也許不像你一樣強烈，所以我們得多主動一些。每次跟朋友說再見時，我一定會問：「下次什麼時候才能見到你？」這會耽誤幾分鐘的時間，但沒有人會介意的。接著，我們會各自拿出手帳（我還是習慣用紙本），開心地約定下次見面的日期。

有意義的人際關係，
需要時間來維護。
用這些時間做什麼事，
則會左右你的成果。

44

打造有意義的人際關係，需要下功夫。若非如此，美國首席醫官也不會認為事態緊急，有必要宣告孤獨已成美國境內流行病。如同「自我」章節中提到的，務必誠實評估自己的日常習慣，把它當作優先事項，這都需要時間。

堪薩斯州大學人際關係與科技實驗室的主持人傑佛瑞．霍爾博士（Dr. Jeffrey Hall）所指導的一項前瞻研究指出，交到一位新的摯友，需要花上一萬兩千分鐘左右。霍爾博士表示，在與某人認識的前三週，得花上至少一百二十個小時，才有機會發展出好的友誼；而要讓朋友升級為摯友，則需在前六週內，投資超過兩百個小時。

不過，我提起這一則研究，並不是要各位糾結在花多少時間才能交到朋友。不用我說你也知道，交朋友很費神。除了投資充足的時間在發展社交生活上外，此處想要各位鎖定的重點，是霍爾博士的另一項發現：利用這些時間從事哪些活動，會左右交友的成果。有的人參與同一個讀書會好幾年，一次又一次地與同一群人以書會友，但卻從未做出任何行動，來推進與讀友的關係。這種情形下，不管認識多久，你們都只會是點頭之交，不會發展出更深厚的情誼。

那麼，該怎麼做呢？首先，我希望你已經開始嘗試本書目前為止提供的策略，例如維持宜人的外表和氛圍、主動聆聽等等。不過，要大幅拓展人際關係，也得學會如何區分場合。

專注於一對一談話

在朋友聚會時，
試著脫離團體話題，
專注於彼此身上。

45

兩個人一定要一起從事某些活動，才能推進關係。原因並不難懂：

決定一起同樂，或投入幾分鐘時間一對一談話，

透露出這兩人是真心對彼此有興趣，而非出於義務。

真誠說出對彼此的欣賞，是讓點頭之交升級為深刻友誼的關鍵。

我一位朋友有美國網球公開賽開幕夜的包廂，我曾是年年參與的常客，前總統柯林頓也是。我們兩個人見面時，總會遠離其他人另闢空間，不看比分也不聊球員，專注在彼此的對話上。沒錯，免費入場的機會，讓我們所有人能在同一個時間，聚在同樣的地點；但是，物理上的距離，並不是前總統與我能長期維繫深刻關係的原因。我們之間的友誼能不斷成長茁壯，是因為選擇從團體中脫離，專注在彼此身上。

共享經驗，讓我們有機會專心欣賞對方，看到他不一樣的一面。也正是這樣的時光，最能孕育深厚的人際關係。

談心能促進感情，
也更有機會
讓對方敞開心房。

46

雖然閒扯淡也能幫助朋友慢慢地增進對彼此的了解，但要強化兩人的關係，還是得誠懇分享生活近況，並進行有意義的討論。最優質的對話，一開始可能會讓你有點不自在，但請不要放棄。還記不記得人生第一次的性行為？你的初夜也許不是最棒的性體驗，但我希望在那次之後，你已經享盡各種性愛生活與高潮的美妙。敞開心房、聊心底話，也是類似的道理。聽我一回，聊心事就像性愛，需要練習，你一定會愈來愈上手。

坦誠會讓友誼進化。若願意傾訴私事，像最近丟了飯碗、或是確診某種疾病等等，對方也比較有機會卸下心防，分享更私密的話題。說不定你們私下都有遇到類似的挑戰和困擾，而這些共同的作戰經驗，就是能深聊的主題。

互相敞開心房、不怕被彼此批判，絕對能深化友誼。

我的廣播節目能夠爆紅，最關鍵的原因，無疑是開放的心態。聽眾們都知道，他們能對我敞開心房、無所不談。每當我說「這位聽眾朋友，輪到你囉」，他們會理解，不管有什麼事情要傾訴，我都絕對不會嘲笑、揶揄或貶損。寬廣的心胸，是我與粉絲間的關係能如此親密的原因。

不過，這也不表示社交上的閒話家常有何不好喔。輕鬆的閒扯淡，是通往深入對話的大門。所以，等你覺得能更進一步深聊私事時，再放手去做吧。

勇於不務正業吧！
真誠相伴的時光，
是深化關係的訣竅。

47

我們都希望深化人際關係、讓彼此的連結更有意義，這需要真誠相伴的時光。我想強調的，是不限時間長度，兩人坐下以後，沒有幾點得往哪裡去、需要完成什麼的義務，能單純陪伴彼此聊天的自由時光。此外，對話的主題不限，也不需要達成什麼結論。

《無目的地閒晃：消磨時光的顛覆力量》（暫譯）[11]一書作者席拉・萊明將閒晃的概念定義為：

「勇於選擇不務正業，且找朋友一起這麼做。」

勇於？的確需要勇氣啊！而且，或許你很難相信，但閒晃也需要用心準備——這是真的！巴黎的咖啡館，將我閒晃的功力煉得爐火純青。對法國人來說，一邊喝咖啡、一邊精進聊天的藝術，是人人必修的課題。還在索邦大學念書時我

11 原書名為*Hanging Out: The Radical Power of Killing Time*，作者為Sheila Liming，於二〇二三年由Melville House出版社出版。

超窮，因此會跟朋友到咖啡店，兩人合點一杯義式濃縮，然後在那裡坐好幾個小時，對經過的路人品頭論足，聊作家、畫家與想法。回想起來，那是不可思議的美好時光啊。

過幾年後，我到了紐約，最喜歡消磨時光的地點之一，就是位在曼哈頓上東城，常有許多名人光顧的依蓮餐廳（Elaine's）。一位朋友喬許有固定預約的桌子，我時不時就會加入他。在那裡，我能盡情聊天、認識新朋友，常開心到忘了時間。其中有些人，只要還有再見面的機會，我都會牢牢把握住，與對方更深入交往。在那裡，你永遠不知道誰會來到你的桌邊打招呼，這也是最有趣的地方，席間對話總是精彩絕倫、百無禁忌。

不過，有一點很重要，想提醒大家，哪些事我從來不聊：我不喜歡八卦，更不喜歡發牢騷、抱怨每個人都得忍受的日常瑣事——這些話題很無聊啊！而且，各位早就知道，我最不喜歡怨天尤人。

你家附近，有沒有適合閒晃的餐廳或者咖啡館呢？先找一個朋友一起就好，那個朋友可能會邀請另一個朋友，最後你的桌子會有多熱鬧，我們拭目以待！

能力範圍內，
請客能讓人印象更好，
也有機會助你
打造嶄新的友誼。

48

說到餐廳，在維繫關係上，餐廳老闆們的絕活值得我們學習。每次我去名廚沃夫岡・帕克（Wolfgang Puck）旗下，位於比佛利山莊的餐廳Spago時，老闆都會招待一份煙燻鮭魚開胃菜。我和許多名人一樣，不會只為了這一份開胃菜上門光顧，但招待小菜的心意絕對有加分。此外，用餐完畢之後，沃夫岡主廚一定會親自來到桌邊寒暄，我們總是用德文聊天，這令我格外開心。

該不該花錢來換得友誼的門票呢？如果有需要的話，我會說，何妨一試？

讓我解釋。如果和幾位同事下班後一起去喝一杯時，大家通常都會自己買單飲料，你若能先招待大家一輪，絕對會得分。這是賄賂嗎？我不同意。帕克也是這麼做的，請客能讓大家對你印象更好，難道不是嗎？帕克的小菜，是善意的小心機，讓原本就喜歡他的我更愛他，只要有機會，就會再去光顧。

這也能對交友產生作用。我當然不建議你花太多錢，搞得自己都繳不出房租；但只消多點幾杯酒，就有機會打造嶄新又值得的友誼，何樂不為呢？

再瞎的節日，
都可以成為你與朋友
相聚的理由。

49

生日快到了，卻沒有人開口為你安排慶祝，於是你可能打算當天一個人在家嘟嘴生悶氣了；不過，你得採取行動！告訴大家你的生日快到了，有必要的話，自己辦一場派對也不錯呀。如果連這條路也失敗了，那就走進家附近的酒吧，大聲宣布：「今天是我生日，請各位喝一杯！」我打包票，大家一定會一起慶祝。不只如此，知道接下來還會發生什麼事嗎？下次你走進這間酒吧，大家都會記得你，更會歡迎你。

當然囉，生日只佔一年裡的一天，還有很多時間和機會可以辦派對。不管再瞎的節日，都可以邀請朋友來一起慶祝。五月份有「巧克力碎片日」和「想吃什麼就吃什麼日」，六月呢，則有「冰茶日」和我最愛的「洋蔥圈日」。（想知道為什麼這一天特別深得我心嗎？上網搜尋Dr. Ruth和onion rings看看[12]！）

12 露絲博士在多次訪談和電視節目（包含前文曾提及的大衛．雷特曼廣受歡迎的深夜節目）中暢聊，曾有一名廣播聽眾打進來訴苦，表示他對生活和感情都很滿意，唯一的煩惱是女友喜歡在房事中以他勃起的下體為目標，用洋蔥圈玩套圈圈遊戲。

可能會有人覺得，為了如此輕佻的理由找朋友聚會很奇怪，但如果派對主題聽起來很有趣，大家就更容易出席，不是嗎？

既然目標是加深人際關係，何不運用一點小創意，找到意想不到的執行方法才聰明啊。

生悶氣沒有任何好處。
與朋友意見相左時，
試著互相協商、讓步。

50…

大多數時間都是獨處的人，跟社會名人、大明星們有一項共同點：通常，你們想怎麼樣就怎麼樣。

這個共同點，可能就是導致孤獨的原因之一。

晚餐吃什麼？你決定。要看電視還是看書？你決定。以此類推，久而久之，你習慣了全無摩擦的生活，完全不需要與其他人的需求妥協。

但是，妥協能幫你打造人際關係。兩個人意見不同時，就會協商，互有得失。不習慣妥協的人，會漸漸變得頑固執拗，只要事情不如自己所願，就生悶氣、甚至發怒。這樣的行為模式，對打造與維護人際關係，沒有任何好處。

每一種關係都需要妥協，才能走得長久。

下次，和朋友或家人起爭執的時候，我要你仔細回顧自己：是不是態度太具攻擊性了？是不是只願意接受自己的意見？這並不是要你永遠將自己的需求跟想望拋在腦後，完全不是。我要你做的，是審慎評估哪一些項目值得爭取，哪一些則應該睜一隻眼閉一隻眼，而目標是讓你在妥協的藝術中更上層樓，如此一來，才能站上經營人際關係的絕佳戰略位置。

選擇偽裝，
遲早會露出破綻。
踏實的關係，
建立在誠實之上。

51

佛列德跟我還在交往的時候，我騙過他一次——還好那小伎倆沒有摧毀我們的關係，但至今我仍餘悸猶存。當時，我邀請佛列德來家裡晚餐，並親自下廚做飯。雖然目標是掌握他的胃，但我的廚藝真的不行，於是便和一名遠親密謀，由他來做菜，然後假裝是自己的手藝。只是，在那之後，佛列德常常得吃真的由我親手下廚做出來的暗黑料理，所以他有很多機會可以提起，當年我是怎麼矇騙他，說服他相信那一桌佳餚是出自我手。

我明白，跟世界上很多漫天大謊比起來，這的確不是這麼嚴重，也許比你讀到開頭時，心裡原本猜測的情節輕微多了；但這個小伎倆卻讓佛列德相當惱怒，終其一生，他不斷舊事重提。當時，我還沒嫁給他、改姓魏斯特海默，但那一晚使出的魏斯特海默奇招，他一輩子都沒有原諒。我真的不該這麼做的，風險太大，當年真的好蠢。他可能就此對我失去信任，而決定分手。雖然最後幸運逃過一劫，但希望你能從這個錯誤示範中，學到誠實的重要。

不直接說謊，只是刻意不提，也會出問題。雖然能在姓名前面加上「Dr.」的頭銜，以表示博士學歷；但只要有機會，我都會強調自己「不是醫生」——我的博士學位是在教育學專業上取得。雖然具備資深治療師資格，但我絕對不會誤導大眾，自己提供的建議來自醫學專業。如果在關係中偽裝出不真實的形象，總有一天一定會露出馬腳，而且有很高的機率，原形畢露的那一天，也是關係結束的時候。真的不值得。

踏實的人際關係，必須建設在誠實透明的基礎上。

如果你在任何關係開始前，會認為自己有必要假裝成比實際來得有錢，或社會地位崇高，那麼你想要吸引的對象，肯定不是該交往的朋友或情人。每次你們相處，你的自尊都會受傷，因為你知道他們發現真相後，態度會有所改變。當然，在認識新朋友的初期，也沒有必要展現自己最黯淡無光的一面。我想，你一定知道要怎麼繞過無法襯托個人形象的話題和場合。

講實話吧，但不用一次全盤托出。回顧與佛列德共進晚餐的那一夜，也許在吃完飯後，我可以對他說，籌畫這頓飯時，自己有找人幫忙，因為珍惜他的造訪，才願意費這麼多心力。這個選項比我的做法好多了，若是提早坦白的話，也許就不必聽他三十幾年來，持續不斷在耳邊叨念個沒完！

在不影響他人的情況下
撒下的無害謊言，
可以讓你遠離孤獨。

52

我在特拉維夫南端的吉布茲社群住了一年以後，搬到位於海法附近的另一個吉布茲社群，在那裡又度過了一年的光陰，終於在一九四七年，遷居到耶路撒冷。一開始雖然非常興奮，但孤獨感很快就襲來，讓我覺得自己像灰塵般渺小。還記得每週五晚上，獨自一人在街上走著，經過一戶又一戶人家，看一扇又一扇窗戶裡頭，點著安息日[13]的猶太蠟燭。「他們都有家，為什麼所有人身邊都有親人圍繞，就我沒有？」

不過，耶路撒冷的記憶並非全然灰暗。我就是在這裡註冊入學，進行幼教專業訓練，也交了很多朋友。隨著成年人生漸漸成形，中東地區的政治情勢也愈來愈緊繃。一九四七年十一月二十九號，聯合國通過提案，準備讓英國從巴勒斯坦退場，並將這塊土地一分為二——一半為猶太裔的國家，另一半為阿拉伯裔的國家。由於這項聯合國主導的改變影響至鉅，中東各地開始動蕩不安。當時，以色

13 猶太人每七天所守一次的安息日，由猶太曆週五日落起，至週六日落止。家家戶戶會點起蠟燭，並在晚餐前進行祈禱儀式。

列公民被要求加入哈加拿國軍[14]。我知道，各位現在可能很疑惑，這些陳年歷史故事，跟善意謊言及孤獨到底有什麼關聯？但，請耐心聽我說。背後的理由，你馬上就會讀到。

我加入國軍、接受基本訓練後，曾受軍令而擔當過許多不同的任務角色，包含通信官和狙擊手（至今我仍記得如何徒手拆解步槍）。第二年，以色列宣告獨立，至此我不曾受傷；然而，一九四八年六月四號，二十歲生日當天，我不幸遭遇一場炸彈襲擊。該次攻擊有三人死亡，其中一人就站在我身邊。當時，我的雙腿劇痛，並淹沒在血泊中，其中一隻腳板被炸彈轟去了上半，彈片插滿全身上下，包含脖子。緊急送醫後，我接受了手術，非常感恩，最後兩隻腳都保留了下來。（好的，故事的重點要來了。）

術後恢復的過程相當漫長，在這段休養期間，我竟然愛上了照顧我的護理師之一——一位強壯、英俊的金髮男子。也許是因為我還年幼時，就已失去所有家人；又或許是因為我正值妙齡，在繁華的耶路撒冷卻感到寂寞孤獨，所以在住院期間，很渴望他的愛意和注目。為了讓他多花一點時間與我相處，我假裝自己需要比實際上更多的幫助，這就是所謂善意的謊言。我騙了他，好讓自己覺得不這麼孤單。出院以後，這位護理師先生跟我成為男女朋友，交往了一段時間。

對我來說，當時撒下的善意謊言是可以接受的。與我多相處兩三分鐘，並不會讓他無法照顧其他有重大需求的病患。我知道當時醫院設有專責重症的檢傷護理師。

要怎麼判斷謊言是否為善意，是否無害呢？很簡單，想像對方發現真相的那一天，會不會從此瞧不起你？會不會再也不願意見你？還是只會咧嘴一笑，而你們的關係依舊？

14 Haganah，現今以色列國防軍IDF（Israel Defense Forces）的前身。

我並不建議各位到處編造一個又一個的善意謊言，來拐騙新朋友和情人。不過，如果有人問你要不要一起去看一齣浪漫喜劇，但那卻是你最厭惡的電影類型，這時候說「好啊！我喜歡」，只是展現了自己妥協的能力。

就像我的善意謊言一樣，
在電影的喜好上撒個謊，不會造成任何人受害，
你也不會在答案揭曉後，遭到反噬。

拒絕一夜情

謹慎評估眼前對象，
不要為了一時歡愉
落入無邊的空虛。

53

我長久以來都建議大眾，不要在第一次約會時就發生性行為。如果你正為孤獨困擾，那這則建議更加重要。有些人會利用約會找尋性伴侶，一旦目標達成，就拍拍屁股走人。性行為的當下或許還算歡快舒暢，但結束過後，你肯定會比先前更為孤單。

性愛無法脫離情感。兩人親密時，很容易在腦中開始描繪起彼此共同的未來。如果這時候發現伴侶只是為了性才與你共枕，渴求深刻關係的希望瞬間破滅，會令人陷入更深的黑暗。最好從一開始就避免這種情境，在戀愛關係中不要太早進入性行為。

一見鍾情不是不可能，但更多時候，我們都需要時間來評估眼前的對象。有的人看似親切，卻暗藏著暴躁的脾氣。耐心點，蒐集多一些資訊會比較好。如果關係發展順利，享受歡愉性愛的機會還很多，在那之前，我希望你慢慢來、珍惜自己的心意。

增加肌膚碰觸，能幫助資深的伴侶重燃激情。

54

性是戀愛關係的黏著劑，讓伴侶更親密。的確，有一些年長的夫妻和情侶，就算不再分享性生活，也能維持感情融洽；不過，也有很多人做不到這一點，失去了黏著劑後，便漸行漸遠。不管兩個人之間曾經有多深的愛意與依戀，最終還是各自越走越寂寞。

缺乏親密行為所造成的失聯和疏離感是可以避免的。

有一段時間，我與貝爾芙醫院（Bellevue Hospital）的老人醫學科門診密切合作，協助年事較高的伴侶提升性生活品質。有些男性無法勃起或無法持久（威而鋼問世對這群朋友帶來很大幫助），也有不少女性需要醫生幫忙應對陰道乾燥導致的疼痛。不過，有了團隊的專業資源和資訊，這些老伴們最後都能重拾性福。我們建議，增加肌膚碰觸絕對有幫助，按摩棒、飛機杯等性愛玩具也頗有成效，如果把塗抹潤滑劑當作遊戲的一環，更能讓雙方重新發現性生活無上的愉悅感。在貝爾芙醫院的經驗告訴我，老狗也能學會新把戲！這些新把戲，能夠幫助年長伴侶重燃激情、重建親密關係。

隨著年歲漸長，謹記性愛才能帶來的溫度和親密感很重要，就算性事不再激烈，早與年少輕狂時迥然不同，也不要放棄。試著調整看看吧，且戰且走，如果還是很難進入狀況，去找專業協助，讓兩人能盡量持續保有性生活。這不但能為身體帶來歡愉舒暢的感受，更重要的是幫助彼此維繫健康有活力的親密關係，不讓任何一方承受不必要的孤單。

無害的老朋友，
就像人生緊急預備金，
可以在與孤獨的對抗中
助你一臂之力。

55

大家應該還記得，我跟第一任男友普茲至今仍保持聯絡。我們是在瑞士的育幼院認識的，當時我才十二歲左右。規定嚴格的育幼院裡，交往也做不了什麼，但我們仍成了名義上的男女朋友。普茲當年對我展現興趣，讓我又驚又喜。以前，我一直覺得自己長得太醜，不可能有任何男孩想要和自己扯上關係；沒想到，他深深地被我吸引，而我也移不開目光。記得有一天，所有院童都必須參與縫紉計畫，我故意將縫紉中的布料擱在大腿上，而不是工作桌上，好讓普茲能在沒有人看到的狀況下，偷偷感受我大腿的觸感。

我們的情侶關係，並沒有持續到離開孤兒院為止。（那個時候，我常常頤指氣使別人，所以他很快就另尋新歡。）但是，經過了這麼多年，仍然維持著深刻的友誼。即便各奔東西，他在海法落地生根，而我在紐約重啟人生，但每年我回到以色列時，一定還是會撥出時間與他相聚。這個世界上，只剩幾個人還知道我孩童時期的人生是何種樣貌，普茲即是其中之一。我們分享了共同的歷史，這在與孤獨的對抗中，有很重要的戰略意義。

可以的話，多親近老情人和老朋友。我知道這個建議不適用於每個人，絕對有很多狀況下，你得狠心跟某些人斷絕關係。不過，希望各位多思考保留歷史關係的價值，前提是這些關係無害。如果你們之間失去聯繫的原因僅僅是距離或時間的話，重新考慮一下各種選項吧，也許與老友再次聯絡也不錯。

在不斷擴大的生活圈中，為什麼要保留老朋友，甚至是前男友或前女友呢？對我來說，他們就像存款中的緊急預備金一樣。

你永遠不知道，自己什麼時候會需要深刻了解你、從很久以前就關心著你的親密老友。

是的，各位應該持續結交新朋友，但也不必放棄老夥伴。老朋友就像有血有肉的鷹架，能在格外孤單的時刻扶持你，讓世界不至於崩塌。

⋮ 多多出門社交

即使個性再友善，
只要吝於分享時間，
都無助於打造關係。

56...

你是一個怎樣的朋友或情人呢？假設你善於傾聽、為人風趣，也樂於分享自己的心情感受——這些都是很好的特質——不過，要是吝於分享自己的時間，其他條件都是徒然。

皮耶喪妻以後的變化，最能凸顯我想說的重點。在他的太太逝世之前，他常拒絕外界的邀約——皮耶夫婦婚姻美滿，不需要額外的活動和同好。但，在喬安過世以後，皮耶慢慢理解到，他不再有挑三揀四的餘裕，不能老是婉拒他人的邀請。有時，他晚上只想待在家讀一本好書；但是鼓勵自己往外走之後，他往往會為這個決定感到欣慰。忙碌的生活，幫助皮耶走出喪妻的孤獨感。

我還是年輕的單親媽媽時，可以用襁褓中的女兒當作選擇待在家的完美藉口，但我下定決心不要這麼做，只要有派對邀約，一定都會答應，然後把彌芮安一起帶去，讓她在主人家的客房睡覺（當年的育兒標準顯然跟現在不同！）。我知道，切斷與自己喜歡的朋友間的關係，對兩方都不好。

如果總是待在家，又該怎樣才能逆轉育兒人生的孤立感呢？
那種感覺，相信很多單親父母都深有體會。

如果很孤單的話，更要強迫自己多多分享時間、出門社交。沒有人會騎著白馬來到門前，如一陣風般把你捲進童話故事中。邀約已經送到門前了，去不去操之在己。

年齡不是交流的阻礙

跳脫既定框架，
大膽打造多樣的友誼。
對他人保持好奇，
永不以貌取人。

57

我的廣播節目從預錄改為現場直播時，需要一位製作人篩選打進來互動的聽眾。當時，廣播公司派了一位名為蘇珊．布朗的年輕女性來協助我。蘇珊與我從一開始就對彼此懷抱絕對的信任，相信只要我們各自將自己的工作完成，兩個人都會成功！

我們不但是工作上的好夥伴，私底下也很欣賞對方，於是決定定期共進午餐，通常選在廣播電台大樓的附設餐廳裡，因此感情愈來愈好。我當時已經是大學教授，而蘇珊才剛從大學畢業，但年齡距離並沒有阻擋我們快速建立友誼。我參加了她的婚禮，直至今日，她仍是我的好朋友。

「妳讓我覺得自己好像是妳領養的女兒，」蘇珊最近這樣跟我說，「我結婚時，會想聽妳如母親般給我建議，職涯上也是，妳總是無私地分享妳的智慧。」

你得跳脫腦海中友誼形成的既定模式。

從學生階段開始，大部分人的社交生活都會受到年齡侷限，例如同學，或者成家立業之後，孩子朋友的家長們。不過，我們沒有理由把友誼限制在這樣的框框中，不是嗎？

友誼形成唯一的必要條件是好奇心。不要以貌取人。跨世代的交友機會也都值得探索，這能幫助彼此分享不同時代的經驗、智慧和觀點。想培養這樣的友誼，不需要去電台工作，在既有的社群中，就一定找得到。

輯四

社群

社群是打敗孤獨的重要夥伴，而且你早就是好幾個社群的成員了。在這一個章節中，我將教導各位如何跳脫既有框架的限制，退一步綜觀全局——你會發現，近在眼前的社群中，充滿有意義的人際關係等著發掘，只是你尚未學會利用，甚至根本沒看見。

我們身邊一定有一群一群的人們，會為了特定的原因或目的聚在一起，包括工作社群（同事或者職業圈）、學校社群（校友會或學生社團）、宗教及性靈社群（教堂、清真寺、寺廟、猶太教堂或其它宗教機構）、嗜好社群（跳舞、烹飪、電競、跑步）、互助會社群（喪親、成癮、照護或其他挑戰）、鄰居社群（老人中心、圖書館、園藝社、公民團體），當然，還有慈善義工社群（遊民廚房、生活消費合作社、食物銀行、流浪動物庇護所）。你有試著參與這些群體的活動嗎？是不是有一搭沒一搭地要去不去？**如果目標是找到歸屬感，那就一定要更有紀律地跟上群體的節奏。**

可以想像，為什麼很多人認為，在群體中活躍表現，就表示得付出時間當義工，幫助需要幫助的人；但我想強調，幫助他人的同時，也可以專注在自己的需求上。在決定參加某些組織或活動前，請想清楚，這些活動能不能幫助自己打造人際關係。**你的目標，並不是與越多人連結越好，調查與篩選的工作很重要。我要你將經營人脈當做尋寶遊戲，目光只鎖定在寶石上！**

這些年來，到診間尋求諮商的人不計其數，大部分的朋友都告訴我，他們待在家的時候覺得最孤單。對著電視機吃晚餐、一個人鑽進被窩，周而復始。對這些朋友，我的建議始終如一——走出家門。

下館子吃晚餐、在附近散散步，先到外頭就對了。去圖書館、去公園，都好。人群在你的大門之外，不在家裡。

想建立與大城市的連結，
就要打進周遭的生活，
從中開發
屬於自己的小群體。

58

我小時候幾乎全在社群之中度過，一開始是孤兒院、後來輾轉換了兩個不同的吉布茲社群。那樣的環境中，一舉一動都被所有人看在眼裡，毫無隱私；到了紐約這個大都市後，經驗則完全相反。

我必須加倍努力，才能讓鄰居看見我、認識我，與周遭的人們建立有意義的關係。

為了達到這個目的，我有了關鍵的發現：我得讓偌大的紐約市縮小，好與自己更近一點。我開始積極加入組織、參與鄰近區域的團體，成為華盛頓高地的猶太青年團體（YM&YMHA）的董監事成員，爾後更擔任其董監事會的會長長達十一年。在這一帶出沒的時間裡（五十五年！），我出席了無數場會議跟社交聚會，也因此交了許多好朋友。能在社群團體內扮演要角，加深了我與這個偌大城市間的連結，讓我覺得自己真的是紐約的一份子。

你的第一項任務，就是鎖定最好入門的大群體，並從中開發屬於自己的小群體。有沒有辦過鄰里派對？如果下週你完全沒有離開家裡，有沒有人會擔心你去了哪裡？如果答案是沒有、不會，那一定要改變「習慣性缺席」的現況，主動出擊，讓鄰里與自己更近一點。

發自內心的熱情，
能讓人忘卻緊張。
尋找適合的機會，
參與有興趣的組織吧！

59

我知道對很多人來說，參與鄰里組織的活動，幾乎是無法想像的巨大改變。如果你無法參與的原因是太忙，請務必細讀本書第61節〈鎖定目標，持續貢獻〉；但如果焦慮才是讓你裹足不前的原因，那這樣的困境是完全不同的。

要克服不自在的感覺，最好是找到適合的機會，去擔任義工。

千萬不要只為了潤飾履歷而選擇某個組織，或挑一個在別人眼中具有意義的活動。應該選擇讓自己感興趣的項目，因為發自內心的熱情會令人忘卻緊張。

當然，我很了解，獨自走進一群陌生人之中真的超級恐怖。但想想，擔任義工的好處，就是在現場遇到的，通常是熱情的善心人士。性情乖戾、傲慢或者自私的人，對於幫助他人的活動一點興趣也沒有。

成為別人的導師

除了陪伴之外，
知性上的刺激，
也能讓人遠離孤單。

60

我人生中最驕傲的時刻之一，就是從哥倫比亞大學教育學院取得教育學博士學位的那一天。我能保持學業優良的原因，自己再清楚不過：當然，我很認真學習，但另一個關鍵原因是，我熱愛自己主修的科目。教育學博士學位，是通往我最渴望的職涯的門票——非幼稚園的教育工作。

我首先來到布朗克斯行政區的萊曼大學（Lehman College）任教，並很快就發現，作為一名教育者，是世界上最棒、最能保持活躍的社交生活，又能與群體持續互動的工作。

年輕聰明的朋友們精力充沛，會持續挑戰你的思路，
並刺激你開口辯論。與學生們朝夕相處的人，
不可能不被他們旺盛的精力與喜悅感染，
進而燃起對生命的蓬勃熱情。

好消息：如果你也想體驗這樣的活力的話，不需要真的當上老師，你可以選擇擔任輔導員或導師（mentor）。坊間各種輔導計畫很需要社會各界加入，正是因為大家有無價的經驗，能與年輕一代分享。

如果你是位會計師（我猜你的數字能力應該很好吧？），就可以幫助在學業上遇到困難的孩童，特別是數學科。或許你具有人力資源相關的專業，那麼便能幫助年輕人準備面試，或者教他們如何潤飾求職信。又或者，你也可以單純付出時間，聆聽孩子們的困擾。成為孩子眼中，那個會準時出現、真心在乎他的人。

跟教書一樣，輔導孩子們會為心靈帶來豐碩的回饋，因為你知道自己對世界有正面的貢獻，於是對自己的觀感會更好。輔導他人對自己也非常有價值，會帶你進入全新的環境。孤單的時候，需要的不只是陪伴，還有知性上的刺激。我一生鍾情於智力激盪的感覺，事實上，我熱愛教學勝過一切，從來不曾考慮轉型成全職的性治療師——因為這麼做的話，我就不會有足夠時間教書了！

一旦選定適合的目標，
就持續穩定地付出，
忙得有意義、有價值。

61

很多人會炫耀自己很搶手，總是像多頭馬車般忙不過來。不過，其實衝來衝去的瞎忙，並不是什麼好主意：首先，你的注意力遭到稀釋，努力也無法累積，不足以為群體產生有意義的影響；再來，你錯過了付出勞力背後隱藏的好處，也就是用持續的承諾換來機會，經營豐富而有意義的人際關係。

這在實務中要如何執行呢？其實很簡單。如果你的志工活動，固定在每個禮拜二晚上進行，那是不是就有很高的機率，會重複遇見同樣的人呢？

穩定而持續的節奏，是打造有意義人際關係的基礎。

除了擔任華盛頓高地的猶太青年團體董監事會的會長，我也投身曼哈頓北部的崔恩堡公園保護與管理委員會，擔任委員會成員長達二十五年的時間。崔恩堡公園就在我家公寓附近，是彌芮安與喬爾還小的時候，我會推著嬰兒車帶他們散步的地方，至今仍常會花一個下午去呼吸新鮮空氣、曬太陽。它很重要，能為其擔任志工是我的榮幸。佛列德離世以後，委員會在公園裡的一組長凳上刻下他的名字，以示感念。我很喜歡在這組長凳上閒坐冥想。若不是在委員會擔任志工這麼多年，若沒有投入這麼多心血培育和公園相關人士的關係，就不會有這組長凳的誕生。

你得抗拒誘惑，不要像花蝴蝶般處處留情，在這裡送餅乾、到那裡幫忙義賣。珍惜寶貴的時間，想辦法鎖定一個適合的組織，持續穩定地貢獻心力。忙得有意義、有價值，遠遠勝過瞎忙。

微不足道的舉手之勞，
都可以提升自我價值，
舒緩孤獨感。

62

有時候，光是對鄰居伸出援手，就足以舒緩孤獨與疏離。注意，我並不是要你偷窺鄰居的舉動，但我鼓勵你多多找方法來幫助住得最近的人。

如果有鄰居家剛迎接新生兒，下次你要去超市買東西的時候，記得先問問他們需不需要食物、清潔用品和尿布。年長的鄰居可能需要人幫忙除草，或者剷除車道上的積雪。我至今仍鮮明記得，母親在廚房揉麵團，要我拿去鄰近的麵包店烤，因為我們家沒有烤箱——那位麵包師傅，是我們的大恩人！

我相信，你一定也能找到千萬種為人服務的方法，不管那行為有多微不足道，伸出援手的意願才是關鍵。

只要願意幫忙，就能交到新朋友，更何況，做好事本來就能提振精神。孤獨會漸漸在心裡蝕出一個洞、影響自信心，讓你誤以為自己的存在與否，對任何人都沒有影響。其實，只要貢獻一點點時間來幫助鄰居，就能減緩內耗，助你找回自我的價值。

向鄰居請求協助

偶爾放下自尊，
試著麻煩別人幫忙，
也是創造互動的機會。

63

我家因麵包師傅的善意而受惠，所以我希望你也能敞開心胸，接受他人的幫助——就算其實沒有需要，只能發明一個不存在的需求也沒有關係。

太獨立好強、不喜歡麻煩別人，或者自尊太高的人，會失去在社群中與人互動、打造人際關係的機會。

的確，你可以直接訂購牛奶，讓業者送上門，但何妨問問鄰居能不能借你四分之一杯的牛奶，讓你完成正準備烘焙的自製蛋糕呢？做好以後，你更有了完美的理由，送上一片蛋糕給鄰居，當作謝禮。不過，還是要提醒各位，如果你像我一樣，不特別喜歡烘焙、攪拌、煎煮炒炸（就連彌芮安和喬爾小時候，我都只有不得不做飯時，才會出現在廚房裡），那麼最好還是找一個更適合自己人設的理由——例如借個槌子或螺絲起子——懂意思吧！

上門拿顆蛋或充氣床墊的短短幾分鐘非常重要，是能用來深化關係的寶貴時間。不管你開口要求的是什麼樣的東西，只要確保它易於滿足就對了。

定期造訪宗教組織、
參與社交聯誼活動，
能多認識附近的朋友。

64

本章節的開頭提到，我故意選擇加入能讓紐約市離自己更近的團體。如果你很久沒往教堂跑，那麼也許會意外，現在宗教機構場地舉辦的非宗教活動其實很多。教堂或寺廟等場所，是人際關係的磁鐵！

很多在這裡舉辦的活動，都跟朗誦經文沒有任何關係：二、三十歲年輕人社交聯誼的活動，學習與探索的校外教學和假日活動，電影之夜……等等。這些宗教機構已是聚會的熱點、社交的樞紐，是能多認識在這一帶出沒的朋友的絕佳場合——也許他們不住在同一區，但絕對算得上近。

我知道，社會已與宗教漸行漸遠很長一段時間了，許多西歐國家也是如此。我也同意，想認識有相同信仰的朋友，未必需要正式加入宗教團體。我也已很久沒有深入參與猶太教堂的例行活動，不過曾有好一段時間，同時隸屬於三個不同的猶太教堂團體。如果有拉比[15]問，為什麼最近沒看到我出席安息日禮拜，我就能說自己在另外兩個教堂！

但是，因為這些宗教機構有社交中心的功能，所以絕對值得你花時間去探索。不妨定期造訪，當作打造人際關係的固定行程吧。

15 Rabbi，又譯作辣彼，猶太人中精通宗教經典《塔納赫》、《塔木德》的導師階層。

書能成為孤單的原因，
但也同時可以是
擴大社交圈的工具。

65

當個成年人最大的好處，就是不管讀多少書，都不會有人嘲弄你是「怪咖、書呆子、自以為聰明、死腦筋」。對那些喜歡讀書勝過人群的孩子來說，遭受同儕的嘲笑相當殘酷，不過，大人也不見得能倖免於難，只是兩者受到的傷害不同。閱讀通常是獨處時的活動，在家、在床上或沙發上；然而，它也可以是群體的活動！我希望你能把對文學的熱愛，轉化為擴大並強化社交圈的工具。

在你所住的地區中，或希望不要太遠的地方，應該就有公共圖書館。好，在圖書館確實應該保持安靜，不過並不是每一個角落都需如此，特別是報名參加社區活動時，像瑜珈課、編織同好會、攝影教學……等。不管你選擇的是哪種課程，都可能會在那遇到有相同興趣的鄰居。近年來，獨立書店也愈來愈重視吸引新客群，有不少書店開始販售咖啡或啤酒，鼓勵顧客多逗留一會兒。很多獨立書店，就是專為培育特定顧客群而生——例如喜歡愛情、懸疑或歷史小說的讀者，或身分認同為非裔，或LGBTQ的朋友們。

有些朋友很有創意，發掘了許多能用書來鼓勵社交互動的方法，紐約市就有一個叫做「閱讀節奏」（Reading Rhythms）的計畫，子標題下得擲地有聲：「不是讀書會，是讀書趴。」這些讀書派對總伴隨著現場音樂表演，在紐約各地的公園、酒吧和屋頂舉辦，甚至曾經在刺青沙龍辦過呢！在派對中，每個人都會帶一本書來念給自己聽，也會安排時間讓陌生讀友們互相聊聊各自在讀的書，一開始先一對一分享，然後再分組討論。

書為世界帶來無限驚奇，令人陶醉其中、流連忘返，不覺夕陽沉；但，不小心的話，書也會成為孤單的原因，還會累積成擺設與收納的大麻煩。我就曾受其害：藏書曾一度多到從書架上滿出來，塞爆了公寓。我把這些放不下的書籍堆在角落，再鋪上毛毯蓋住，一疊一疊的，比人還高，後來還開始向朋友們開玩笑說，這些小丘是我的迷你滑雪場。（爾後，室內設計師內特．柏克斯[16]在他的電視節目中改造了我公寓裡的幾個角落，這些滑雪場也就融光了。）

16 Nate Berkus，美國知名室內設計師與電視名人，代表作包含TLC頻道《酷男設計到我家》。

酒吧是社交之地，
可以開口向別人攀談，
也可以參加不同活動。

66

自古以來，酒吧就是見朋友的好地方。不過，單純地坐在酒吧吧檯，也能讓你拓展人際關係喔。

坐在吧檯，就毋須擔心自己一個人顯得孤單，
更沒有人會因此感到羞恥，
因為吧檯的每個人都是等距並肩齊坐，
很難一眼看出誰有伴、誰單身，
大家都一樣。

想開口攀談也容易多了，而且不僅是左右鄰居，連眼前的調酒師也能陪你說上幾句！（如果你一個人住的話，這特別有幫助。獨居者很可能沒什麼大聲說話、聽見自己的聲音，或跟別人交談的機會。在酒吧裡，既能飽餐一頓，也能展開對話。）

思考一下，若今天是在餐廳中獨坐一桌，社交體驗會有多不同？首先，沒有預訂地走進餐廳時，老闆或經理無可避免地會問你：「請問今天幾位用餐？」而走到餐桌坐定位後，這還會再發生一次，因為服務生會來桌前詢問：「請問您在等候其他親友嗎？」回答後的幾分鐘內，對面空位上的餐具就會被掃空。這些原本沒有惡意的互動，都能讓孤單的人覺得遭到羞辱。但只要改上酒吧，就不必面對這樣的情形了。

酒吧也是第一次約會的熱門首選。雖然酒精能讓初見面的互動少一點緊張，但我向來都建議大家不要喝太多——酒精過量，有機會讓任何約會，瞬間變成災難現場。（我曾經授權讓低酒精的紅白酒商在酒瓶上標註我的名字，來達到宣導效果。當時，我代言的產品叫做Dr. Ruth's Vin d'Amour，也就是「露絲博士的純愛之酒」。我從來不暴飲，但這款酒真的不好喝，現在市面上的低酒精紅白酒品牌，有很多更好的選擇。）

我不諱言，有的人不能上酒吧，是因為他無法拒絕酒精的誘惑。雖然酒吧都有提供非酒精飲料的選項，但只有你才真的了解自己的狀況。如果去酒吧會造成身心負擔，那就不該去。但，除此之外，我真心認為酒吧值得各位探索。好酒吧提供的不只有飲料和食物，更有跳舞、射飛鏢、撞球和冷知識比賽……等社交活動。所以呀，如果你的狀況允許偶爾小酌，而你剛好也好一陣子沒有上酒吧了，我建議你可以安排一個晚上去走走。說不定，你就在那裡開發出一、兩個有意義的人際關係呢！

試著與價值意向
相近的人共同生活，
加深社群歸屬感。

67

如果你認為自己已嘗盡身邊的社群團體，也踏遍所有能用來打造人際關係的活動，卻仍然像個外人般格格不入，也許可以考慮嘗試看看一種大膽又另類的生活模式。

在北美地區，約略有六百個「意向社群」（intentional communities），超過一萬人以此為家。這些社群早已脫離帶有貶義的「嬉皮社群」的印象，新的發展中，居民們能嘗試共同分擔開銷、一起料理三餐的生活，也自然就會打造出特別的人際關係。組成成員大多是十幾到三十幾歲的朋友們，但也有很多社群的居民已屆高齡。這些社群基於共同的價值意向而生，例如永續經營的生活方式，或在個體經濟平等的狀況下共存……等。

另一種以個體連結為優先的社群，還有亞利桑那州坦佩市的實驗社區「坦佩無車鎮」[17]。此建案位於亞利桑那州首府鳳凰城附近，禁止居民使用私人汽車，而通常用來當作停車場或車庫的區域，則被挪作團體營火區、腳踏車道和步道、餐廳、小店，以及讓居民歇腿小憩、閒話家常的戶外區域……等，都是意圖幫助居民互相認識、加深歸屬感的設施。

意向社群常讓我回想起青少年時期曾住過的吉布茲社群。當然，我很理解，不是每個人都喜歡這樣的生活環境，但是這的確提供了一種另類的生活方式，值得探索。

這樣的住所，在全國、甚至世界各地都找得到。意向社群基金會（The Foundation for Intentional Community）的網站上，提供讓用戶能按照地點（州、國家）、住宅形式（共有或獨立）以及組織原則（信仰或社會影響力）來搜尋意向社群的資料庫。此外，也能找找美國共同住宅協會（the Cohousing Association of the United States）或者全球生態村網路（Global Ecovillage Network）所提供的資源。

17 Culdesac 公司為美國獨立的房地產開發與物件管理公司，其宗旨為打造擁抱群體生活、開放空間與流動性的建案，提供與零售、商用、自然與公共空間深度整合，囊括各種價位的私人住宅，並與交通服務公司合作，供應可靠且價格親民的運輸服務，讓建案居民毋須養護私家用車。位於亞利桑那州坦佩市的「坦佩無車鎮」（Culdesac Tempe）為其第一個無車鎮代表作。Culdesac 公司名稱語源為cul-de-sac，為僅有單一入口的靜巷之意。

對孤獨的人來說，
在辦公室上班、
與同事面對面，
絕對是最好的選項。

68

不管在家或在辦公室上班，還是混合模式，近年來，關於工作場所的討論相當熱烈。我覺得這很棒，不過，對於深受孤獨之苦的朋友們來說，和同事面對面共度時光，是最佳的選項。

我知道，需要照顧年邁雙親或者家中幼兒時，排除通勤的時間與心力，會讓生活簡單許多；但，與此同時，你也扼殺了在電梯或茶水間撞見同事的機會。

辦公室是交朋友的好地方。可以跟同事一起喝杯咖啡，或者臨時起意共進午餐。我還在做有線電視的年代，常常得在下午預錄好幾集節目之後，晚上繼續做現場直播，終於能喘口氣時，已經是晚上十一點了。這時候，我都會叫紅、白酒與起司送來攝影棚，讓參與製作的每一位同仁共享一天辛勞的成就感，增進團隊的向心力。在大部分、甚至所有人都不會進辦公室的工作環境中，幾乎不可能重現這種共患難的同志情誼。

雖然進辦公室一定會造成不便，但我認為你應該將進公司排在生活中高優先序的位置。更進一步說，我敦促各位，只接受要求每位同事必須全時或一週幾天進公司上班的工作機會，全時的遠端工作則完全不考慮。肯定不是每個人都苟同這個觀點，但沒有關係。

坐在沙發上都不用動就能上班固然比較輕鬆，
但親臨現場的心力與時間不會白費，
絕對能助你提升社交健康。

主動滿足他人需求，
或提出自己的需求，
能深化人際關係。

69

雖然我深信進辦公室是打敗孤獨的最佳解，但請容我聲明，這並不代表遠端工作的朋友必然得面對一輩子的絕望。強化同事關係的方法有很多，就算能見到本人的機會微乎其微也一樣。

暢銷書作家與組織心理學家亞當．格蘭特在他的作品《給予：華頓商學院最啟發人心的一堂課》[18]之中，談到了「五分鐘善意」的概念。亞當認為，只要主動大方地分享時間，就能深化人際關係——不管是幫忙介紹能互惠的兩位朋友，或者單純寄送一則表達真心感謝的電子郵件。也許對方並不預期能收到，但肯定會感動。五分鐘善意的目標，就是讓工作的人際關係更私人，也更能帶來滿足感，就算互動只在線上也一樣。

這方法非常有效，但它還算不上亞當心目中的首選。「我個人最喜歡的，是舉辦互惠圈（Reciprocity Ring）活動，這是社會學家偉恩．貝克和雪柔．貝克（Wayne and Cheryl Baker）發明的。」亞當這樣告訴我。互惠圈的運作邏輯如下：不管參與的成員屬於線上或實體關係，在互惠圈小組裡，每個人都要提出「需求」，可以是需要或者想要的東西。然後，由小組的成員各自考慮，自己有哪些知識、資源、或人脈，能夠協助滿足該需求。

亞當於他所任教的賓州大學（University of Pennsylvania）舉辦互惠圈活動時，在教室的牆壁上貼滿了大張白紙，邀請每一位參與的同學匿名寫下自己的私人或工作需求。後續，他訪談了幾名學生，而學生們都表示非常喜歡此活動，因為這幫助他們更深刻地理解周遭的同學。舉例來說，「管理長期疼痛的秘訣」或「學習如何彈吉他」這種類型的需求，讓同學之間激盪起未曾有過的對話。

互惠圈能夠深化人際關係，正是因為它讓每一位成員都感到滿足，不管是提出需求，還是滿足需求的人。偉恩．貝克表示，線上互惠圈的人數無上限，但是每個小組的成員最好不要超過五到六人。

18 原書名為*Give and Take: A Revolutionary Approach to Success*，作者為Adam Grant，於二〇一三年由Orion Publishing Group出版。繁體中文版由平安文化有限公司於同年出版。

在工作環境中經營友誼

多與同事打招呼，並撥點私人時間，與他們在職場外相處。

70

我一生都在外上班，我的好幾位摯友都是透過工作認識的。其中，學習向客戶說明避孕措施與墮胎手術的經驗，來自我一九六七年在計畫生育公司（Planned Parenthood）擔任助理研究員的時期。上工還不到一週，我就確信，這份工作與自己是天作之合。我不僅深愛與客戶聊性教育與家庭計畫，更愛花時間與形形色色的人們相處！不過，這份工作另一項好處，是認識我老闆史都華．卡特爾，並將這份關係延續到公司以外的地方。

各位可能還記得，佛列德跟我常常一起在紐約市北方，距離自家六十分鐘路程的奧斯卡瓦娜湖消磨時光。誰想得到，史都華就住在那附近？也因如此，我們在工作外的時間有了私交。我每次去湖區，就會和他一起健行，東南西北地聊，或者到湖上玩風帆，更共享許多美食珍饌。有的時候，佛列德與我們同行；有的時候，他則有自己的行程。

在現代社會中，我不建議各位像我和史都華這樣共度時光，特別是主管與下屬。就算你們之間如同我們，僅有柏拉圖式的關係，還是不妥。時空背景不同了，我不希望任何人陷入麻煩。即便如此，還是不妨保持開放的心態，與同儕發展友誼，畢竟我們在工作上花的時間佔比很高。

如果你在大企業工作，那也許有機會加入公司的社團或群組，例如新手爸媽群或女力聯盟。就找一個團體加入吧！也許你會與某位同仁特別投緣，決定某天下班後一起去看棒球賽，或聽演唱會呢。本書第45節〈專注於一對一談話〉中曾提到，區分群歡與私聊的場合非常重要。

工作場合遇到的人，得多花時間在職場外相處，才更能有機會成為生活中的摯友。

多關注私下相處的時機，可以幫你打造回饋豐碩的同儕關係。

如果公司沒有正式組織讓同事們互相認識，那就得自己主動創造機會。當年的計畫生育公司，也沒有正式的社交群組；不過，回頭看來，公司有一項現今沒有的特質，對建立同儕情誼特別有利：沒有電腦。我們必須從自己的辦公桌上起身，與同事面對面，才能把工作完成。

在一天忙碌的工作中，你得鼓勵自己常常站起來、到走廊上晃晃，跟遇到的同事們打招呼，問問他們工作還好嗎？如果有人遭遇困難，在能力範圍內伸出援手吧。這些動作都沒有難度，但我保證絕對能減少工作中的孤獨感。

打造外部的支援網絡，
討論職涯面臨的挑戰，
能讓你感到
自己並非孤軍奮戰。

71

我能理解對有些人來說，在工作場合交朋友並不合適。如果工作是讓你感到疏離的主因，那麼就該打造一個外部支持網絡，例如加入坊間一些設計來讓處於相同的職涯階段、工作領域，或者為相似工作困擾所苦的人們，能互相交流的專業組織。

安妮·休克特（Ann Shoket）是名為「TheLi.st」的女性與非二元性別領導人社群的執行長。如同我在本書第63節〈向鄰居請求協助〉中所提到的，安妮表示，誠實討論職涯上遇到的挑戰，能幫助女性朋友理解，不是只有自己在與工作孤軍奮戰。不過，她也提醒，許多女性朋友只有在其他公司的同行面前，才能放心進行這種對話。

安妮這樣解釋：「工作中，有競爭意識難免——同儕間彼此爭奪資源、注目與稀缺的職務是家常便飯，這種狀況下，外在視角能帶來巨大的價值，也是職業女性之間打造真正凝聚力的重要管道。」

工作或許辛苦，但不需要悲慘孤單。參與專業組織吧，就算只是當地的商業公會也好，這樣就能創造機會，與他人分享職涯上的起起伏伏。我知道，要坦白自己的難處並不容易；但是，只要你能允許自己被他人完整地看見，就有機會擴展人際關係的數量，更能加深羈絆。

⋮ **參與同好會或研討會**

利用公開場合，
在篩選過的環境中，
培育新的人際關係。

72…

有些企業提供員工參與研討會的機會，我建議你要去，現在就去！

不要因為喜歡家裡勝過飯店，就拒絕認識新朋友的大好可能。

你很清楚，那只是一個藉口，而不管哪一種藉口，都會阻擋自己達到目標：打造更多有意義的人際關係。喔，別忘了，研討會不只是為專業領域而生，坊間還有許多同好性質的消遣，例如系譜學、剪報、漫畫、電玩……等。

我終此一生都熱愛音樂，也因而曾多次參與北美猶太合唱節（the North America Jewish Choral Festival）。雖然這個活動的重點，就是每個夏天一起唱歌，但它也提供了許多典型研討會的功能：參與者能從領袖人物口中，聽到該領域最新的消息（來自世界各地，將近兩打的知名合唱團都會參加！），在這節日，處處都有機會能讓陌生人變為朋友。

我和音樂節的創始人馬修·勒沙（Matthew Lazar）之間的友誼能如此深厚，

就是因為我每年都去——熱情活躍地參與，讓我們之間的情誼得以昇華，超越了合唱。我們常常一起吃飯，更無數次相偕參訪位於麻省西區的知名音樂空間唐格爾伍德（Tanglewood）。

二〇一五年，他邀請我在林肯中心的艾弗里·費雪廳[19]，與四百名學生歌手一同表演，由我擔任指揮。當時所表演的樂曲，勾起了許多關於我父親的回憶，帶我回到法蘭克福的童年，讓我不禁潸然淚下。我幾乎能感受到，爸爸再次牽著我的手，在禮拜五晚上一起走向猶太教堂。馬堤（大家都親切地這樣喊馬修）讓這夢一般的夜晚得以成真。

在篩選過的環境中，通往友誼的道路格外輕鬆。好好利用這些公開的場合，以及活動的每一天，來培育新的人際關係。你們都知道彼此有共同的興趣，所以早就有講不完的話題了！

19 Avery Fisher Hall，是林肯表演藝術中心（Lincoln Center for the Performing Arts）的一部分，建於一九六二年，最初名為愛樂廳，現亦已更名為大衛·格芬廳（David Geffen Hall）。

整理失聯朋友清單，
動用創意，
讓群組發揮新用途。

73

內特・柏克斯會邀請我擔任他的室內改造節目嘉賓，是因為我有輕微的囤物症。二〇一一年，他第一次來我家時，裡面已經滿到要炸了，到處都是紙張、資料夾、療癒小物，亂得我早已不再邀請朋友上門，因為實在很丟臉。我家的雜亂，讓我不得不斷絕部分的社交生活，還好內特一來就安撫我，不必什麼東西都丟掉。他教我找到管理珍愛收藏品的新方式，而當時學到的技巧，竟也能巧妙地運用在孤獨的主題上。

在你的電子郵件和簡訊中，一定有一些當年互動頻繁熱絡，但已很久沒有更新的討論串或者群組。當時可能有人住院，所以由你負責向親朋好友通知、更新他的狀況；或者你的孩子曾參與足球隊，所以所有父母都加入群組，好安排比賽共乘。

這些聯絡人清單是極好的資源，

你可以動用創意，讓群組發揮嶄新用途。

有些清單上的朋友，可能不是至親好友。當初，大家都很樂意互相作伴，只是隨著相聚的原因不再成立，成員們也自然各分東西。不過，就像前面說的：維持老關係。友誼就像資產，值得用心珍藏增值。這些聯絡人清單不是毫無用武之地，你可以試著傳一則大部分成員會有興趣的訊息（例如：足球隊的爸媽們，可能會想知道你最近發現的進階聯賽級球隊。）而收到回覆時，你一定會心情很好，搞不好還會收到午餐的邀約呢，那麼更深厚的友誼，就指日可待了。

如果怕自己顯得蠢，請你記得，所有人都處於孤獨的流行病疫情之中，無一倖免。有很高的機率，那些清單中至少有一個人，也像你一樣，正渴望他人的陪伴；至少對那個人來說，這天外飛來的簡訊和電子郵件絕對不惱人，反而會讓他滿懷感謝。

專業人士的協助
絕對有其必要，
能助你減輕心理負擔。

74

有時，不管多認真地遵從我的引導，你所屬社群的人，仍然無法提供你最渴望的連結。這時，也許終究需要擴大「社群」一字的定義，將互助會納入其中。我曾經需要精神科醫師的協助，也找到了很適合我的醫生，減輕心理健康的負擔，這跟罹患流行性感冒一樣，都需要看醫生，沒有什麼可恥的。

不同於當年我接受的一對一諮商治療，互助會的功能是為一群人提供明確的歸屬感。每一位加入的成員，都願意暢聊、傾聽與分享，形成既能幫助個體面對挑戰，又能打造人際關係的絕佳環境。如果你剛經歷一場危機，像是至親逝世，聽聽看其他人如何在類似的經驗中找到出路，或能有所啟發。但，在參加任何互助會之前，請仔細閱讀接下來的警言。

像我這樣的性治療師，在業界是行為治療師的一種，我受了多年訓練，才得以執業。互助會的輔導員在主持聚會時，要能展現應有的專業與尊重，同樣需要下許多工夫研究。互助會聚集了許多自願花整堂課的時間，沉浸在彼此黑暗中的同路人，這時，若沒有專業人士提供必要的工具，改善大家的狀況，不但對成員的情形沒有幫助，更有可能會造成傷害。

我知道，這樣形容互助會也許頗有爭議，雖然我認可同儕互助的價值，但我也擔心，若沒有受專業訓練的輔導員在場，特別是當成員之間互相提供不好的建議，主辦人卻沒有專業知識來糾正的話，後果不堪設想。

那我們能怎麼做呢？如果你已做好參與互助會的心理準備，那就放手去做吧。但請記得，主辦人一定得是能將對話導向正面結果的專業輔導員。

一旦找到了值得信賴的互助會，便很有可能成為你一生最有價值的社群。

輯五

科技

我猜，很多讀者會假設，這一章會建議大家拋棄身上的科技產品，但你們猜錯了，我並不將科技視為敵人。避免大家以為我年紀大、過時，在此開宗明義地說，我絕對不會建議任何人完全不使用手機或者筆記型電腦。這些產品在現今社會有其必要，事實上，**如果揚棄所有科技產品，反而會成為格格不入的怪人，這無法幫助你打造人際關係**。

我在社群網站X上有超過十萬名追蹤者，所以絕對不會唱高調譴責社群網站──它確實幫助我觸及了平常無法接觸的網友們；不過，追蹤的關係能算得上朋友嗎？如果今天我覺得寂寞了，這些很多一輩子都不會見上一面的追蹤者，能夠幫助我克服內心的疏離感嗎？答案想必各位也很清楚。

不過，我仍認為科技能提供許多方式，增加人際關係的緊密感，特別是與他人之間的連結。這種有血有肉的互動，永遠是最重要的。如果你從來不用任何科技產品，或者用得不多，該怎麼辦呢？

我建議科技恐懼症患者正面面對問題，先確定「不使用科技產品」是否已影響自己的交友之路。網路世界如同另一個宇宙，無數隱形的社會互動隨時都在周遭發生，包括美食節、文化節目和各種不同活動的邀約，**如果你收不到訊息，就無法參與**。想想，這種情形是否已發生過了呢？

專家們大多同意，現今社會中，科技已成了孤獨的主要因素之一。我不反對這種意見。不過，**科技也能為交友圈增添趣味**。**只要懷抱明確目的使用，就能提升人際關係**。其中關鍵在於，身為使用者的你，是否能妥善運用虛擬世界的互動，來打造真實世界中，更深刻的連結。

善用手機，
讓它成為你
在派對上的祕密武器。

75

外向的人往往比較容易打造人際關係，保守內向的人則相反。但，就算性格懦弱膽小，還是有方法交朋友的。會這麼說，是因為我比任何人都了解即興發揮的必要。我個子特別矮，搆不著大部分的櫥櫃；但，難道有需要的時候，就只能放棄拿不到的材料或工具嗎？絕對不可能，用梯子不就成了。那麼，害羞的朋友該怎麼做呢？你得準備一組「派對版」梯子——攜帶方便的那種——能適時助攻、幫你加入對話。你做得到。

手機就是最順手的梯子。參與派對的時候，覺得害羞，不敢加入一群正在聊天的賓客的話，就亮出手機，展開A計畫：請大家擺姿勢讓你拍照吧，告訴他們，東道主請你幫忙在派對中攝影留念。沒有人會拒絕這樣的要求。一夥人擺出各種姿勢、一陣咯咯笑過後，眼前就敞開了一扇窗，讓你能自我介紹。鏘鏘，恭喜順利加入對話！

就算最後沒用上，拿著這支手機，就已像配備了無畏的自信。

光是知道自己有「派對版梯子」的腹案，就足以帶來更多的勇氣跟膽量，如同穿上能隱形的超級英雄斗篷一般，讓你覺得自己有能力隨時加入對話。手機就是開啟對話的秘密武器。

至少花七分鐘交談，
再決定這段對話
是否值得繼續。

還有一個方法，能幫你在社交場合提升打造人際關係的超能力，這需要你暫時把手機收進口袋，只要一會兒就好。請你花七分鐘完整地投入一段對話，不得提前終止。這個概念的宗旨如下：

至少要花七分鐘與某人交談，
才能決定這場對話是否值得繼續，
或者可以掏出手機優雅地退場。

這不是我原創的概念，但我決定在此與各位分享，因為這個方法是由美國最知名的數位科技專家之一所推薦，有改變你一生的潛力。

提到社會科學、電腦與手機領域，麻省理工學院「科技與自我計畫」的創始人兼主持人雪莉・特爾克（Sherry Turkle）教授絕對是箇中翹楚。她同時也是多本暢銷書的作者，包含率先論述科技如何造成全新形式孤獨的《在一起孤獨：科技拉近了彼此距離，卻讓我們害怕親密交流？》[20]，以及《重新與人對話：迎接數位時代的人際考驗，修補親密關係的對話療法》[21]。雪莉的專業是臨床心理學，《重新與人對話》對社會很多方面都帶來極大的貢獻，但在打敗孤獨的層面上，最重要的就是此書提倡的「七分鐘法則」。這是個堅持面對面對話的策略，由雪莉教授在撰寫此書的過程中訪談的一位大學生首先提出。

這位大學生表示，七分鐘的長度有時對她來說簡直痛不欲生。我很懂她的感受，尤其當你和對方之間沒有任何共同點的時候，七分鐘的確如同永恆煉獄。但，這也是法則的重點所在：堅持下去。只要能撐過開頭的四百二十秒，你可能就會發現兩人曾經參加過同樣的營隊，或者認識彼此的朋友，而這些連結就是孕

20 原書名為*Alone Together: Why We Expect More from Technology and Less from Each Other*，於二〇一一年由Hachette 出版集團出版。

21 原書名為*Reclaiming Conversation: The Power of Talk in a Digital Age*，於二〇一五年由Penguin Publishing Group企鵝出版集團出版。

育新關係的核心。這位同學承認，只要她身上帶著手機，就往往沒有辦法遵守自己訂下的規則。她的經驗，也凸顯了雪莉教授的擔憂：手機的確已形成追求深度人際關係的阻礙。

「對話是我們能做的事情中，最符合人類本質、最人性化的行動。」雪莉如此對我解釋。已閱讀至此的各位一定也很清楚，我同意她的看法。

送禮送到心坎裡

用手機記錄
身邊人的喜好，
仔細挑選禮物，
展現你有多在乎對方。

77

儘管有上述缺點，手機仍很有用。要記錄身邊的人在乎的事情時，它是最完美的工具。每當朋友或親戚提到，他們喜歡哪一個品牌的服飾、熱愛哪一個歌手或樂團、很想去試試看哪一家熱門餐廳時，就在手機上記錄。如此一來，等他們生日或要送禮的節慶假日時，就不必想破頭，不知道要買什麼，最後不得已地送出欠缺心意與溫度的購物禮券。只消回頭參考手機上的清單，就能送禮送到心坎裡，展現你有多在乎對方、多麼仔細聽他說話。

送禮是傳達感謝與愛的機會。

仔細挑選禮物，對方一定會感受到他的喜好對你來說很重要，

只要你如此用心打造緊密感，兩人之間的羈絆就必然更深。

不過，可不要在兩人相處時拿出手機做筆記。請珍惜當下的互動，專注在你們的對話上。有什麼筆記要做的話，到家以後再寫下來就可以了。

文字沒有語調，
無助於表達情緒。
話語和聲音，
能令人不再孤單。

78

到目前為止，我已推薦好幾種策略，能夠幫助各位建立連結、深化人際關係。如果你有仔細讀的話，一定會注意到很諷刺的一點：我所提到的方法，全都用不到手機最根本的功能——也就是當電話使用，打給別人！現代人大多偏好用簡訊聯絡，但我堅持捍衛傳統的浪漫。話語和聲音，具有讓人不再孤單的力量。

人類從嬰兒時期就透過模仿，學會用各種聲音、語調，傳達快樂、悲傷、憤怒和疲憊的感受。簡訊溝通缺乏了語調起伏，螢幕上的文字能傳達的就只有這麼多。

同樣一個「好」字，用熱情雀躍或無精打采的敷衍音調說出，傳達的意義截然不同。在「好」字前，只要一聲輕輕的嘆息，就能讓對方知道其實你心裡並不甘願，只因形勢所逼，不得不答應。早在史前時代，我們就知道如何運用音高和語調來傳達感受、溝通情緒；在二十一世紀的今天，大家反而逆行其道，選擇揚棄聲音的表達能力，這完全不合理。

不得不承認，在搭乘公車或人潮洶湧的時候，簡訊是比較合理的聯絡方式。但，如果只傳簡訊，人際關係一定會受到影響。當然，我知道大家會用手機互傳語音訊息，但是我不覺得這些音檔能夠取代電話。沒錯，語音訊息比文字簡訊好，但對像我這樣沒耐心的人來說，等待對方回傳語音訊息真的太慢了。

對了，講電話還有一個意想不到的好處——你大概沒想過，這也能當作每日行走萬步的手段吧。但真的，照露絲博士的獨門方法講電話，每天走路的步數一定會攀升。我這個人呢，講電話的時候會不停地來回踱步，對我來說，講電話一直都是運動的一部分。

傳訊息時，
不妨多使用表情符號，
讓冰冷的文字
擁有一些溫度。

79

沒辦法或不想打電話的時候，傳一封帶有表情符號的簡訊是最好的方法，既能清楚表達看法，也同時確保意思不被誤解。表情符號能提升簡訊的品質，讓冰冷的文字更接近語音通話溫暖正向的本質，也讓訊息可以如實被傳遞。

溝通時，越能傳遞真心誠意，人際關係就越有機會成長茁壯。

講一則最能說明此概念的案例給你聽。如果簡訊只有短短一個字的話，對方可能會以為你的語氣冰冷，甚至不屑；但若是在同個字後加上興奮的表情符號，對方就更有機會感受到你的熱情和積極，而收到簡訊的人都喜歡這樣。

這一切都直指在保護與提升人際關係中，「非語言暗示」相當重要。就連好萊塢最厲害的演員，在誦讀台詞的同時，也得使用臉部表情，來確保觀眾正確理解他們所扮演的角色此時的感受，同樣地，表情符號也能有效取代眼神交會才能傳遞的心意。表情符號有千百種，選幾種來試試吧！

不過度聯繫新朋友

新關係萌芽時，
反而更該克制一些——
別太快搞砸一切！

80

假設你的生命中出現了一個新對象，而這位新朋友跟你一樣，已經孤單了好一段時間，也許你們會如乾柴烈火，能在很短的時間內拉近關係。然而，有更高的機率，這一位新夥伴已有既存的朋友和家人，所以無法將所有時間都奉獻給你，填滿你的日曆。此時，如果聯繫過於頻繁、無時無刻不傳訊息給對方，他可能會覺得你的社交需求過高，進而開始迴避，不再花時間與你相處。

我建議各位，在新關係剛開始萌芽的階段克制一點，不要太常傳訊息給對方，傳的時候，也盡量簡短。我知道，大家都想多接近對方，這是確保自己不會被忘記的手段。但，請好好觀察對方的回覆：通常間隔多久？反應是熱情還是冷淡？除非回應總是來得又快又暖、兩情相悅，否則，選擇「裝酷」是更好的策略。能理解，如果你非常孤單，那找到新朋友，就像溺水的人攀上浮木，會為了生存而死命抓緊。但還是得沉住氣，否則可能就會很快搞砸這段新關係。

在認識新朋友的早期，一定要放輕鬆，限制自己聯繫對方的頻率。

探索有興趣的主題，
積極參與社群討論，
或出席線下粉絲活動。

81

播客節目（podcast）是極好的娛樂與資訊來源，不過，串流播客可不只能用來聆聽音樂、社論和訪談喔。有些播主會成立線上社群，舉辦各種體驗活動，培養聽眾關係。我建議各位也搜尋一、兩個播客節目，主題是你真心關注的議題，然後做點功課，確定這些節目是否有提供機會，讓粉絲在臉書等線上社群討論每一集的播出內容，或者舉辦實體見面會。找到適合的節目之後，可別坐著乾等，請積極地參與網友間的討論，並出席每一次的線下活動。

播客是很棒的發明，如果我要製作新的廣播節目，一定會選擇播客。串流平台廣納各式各樣的主題，能讓聽眾不再覺得自己孤軍奮戰。不過，我想提醒各位，隨點即聽的節目固然誘人，但請不要每次一上了計程車或者出門辦事，就戴上耳機聽播客。

想要打造新關係，你得偶爾騰出雙耳才行。

想像一下，你在超市的櫃台排隊結帳，人很多，此時旁邊等待的人，也許會想跟你聊上兩句、互相取暖；不過，他卻看見你耳朵裡塞著耳機。雖然你一句話都沒有說，但，你的姿態已經傳達出強烈的訊息，這跟直接開口說：「我對跟你講話沒興趣。」也沒什麼兩樣了。所以，知道接下來會發生什麼事嗎？什麼都不會發生，徒剩一段被科技阻止的緣分。這就是我想說的重點。

試著與鄰座結緣

搭乘公眾運輸時，
不妨關掉手機螢幕，
鼓起勇氣向鄰座搭話。

82

我最喜歡在飛機上交朋友了！我在飛機上認識很多很棒的人，就只因為彼此剛好被分配到相鄰的座位。有一次，我遇見一位服裝設計師，後來他幫我訂作了兩套服裝；另一次，則遇見在攻讀社工碩士學位的女生，沒想到她竟然是摩門教徒。我決定邀請她上節目，最後她也順利暢談摩門教的家庭社群生活。請接受這個挑戰，下次搭長途飛機的時候，像我一樣找鄰座的乘客聊天吧。不需要聊到政治或是隱私話題，但適度地熱絡一下又何妨呢？

閒扯淡對你來說可能很勉強，我懂。但時機到時，請要求自己鼓起勇氣，問一個開放性問題，邀請對方與你對話。可以問他是不是在返家的路上，還是因公出差。如果是出差的話，就能接著問他從事哪一方面的工作，也許你們之間有共同的專業或興趣也不一定。我就是透過飛機鄰座乘客的推薦而認識了約翰．希柏曼，他後來成了我的律師與事業顧問，我們共事過一段時間。時至今日，約翰跟我已經相識超過四十年了！

現今社會中，要打破陌生人之間隱形的壁壘愈來愈難了。旅行時，我們不再仰賴彼此的幫助，登機閘門有變動的話，資訊會直接以簡訊傳到每個人的手機，機上也有看不完的電視節目和電影能打發時間。想當年，等飛機等到無聊時，除了互相聊天，可沒別的辦法呀！不過，還是勸各位一句：只要下定決心關掉手機螢幕，打造人際關係的機會就多了一些。

我從不提倡禁慾，特別是性生活，所以也不會要求大家戒掉手機。這並不是指大家應該在旅行的時候把手機關掉。

你的任務，是在「自我娛樂」以及「與身邊的人互動」之間，找到一個甜蜜點。

也許可以放鬆看一集電視節目，但不是一整季。就算是現存的友誼，也得有一個人先主動出聲，何不就由你來扮演這個角色呢？

受到注目的感覺很好，
但是，務必謹慎評估
這是否真值得你付出。

83

交朋友的確很費心神，但不必傾家蕩產來交換友誼。沒錯，你可以花錢購買生日禮物或節慶賀禮（這麼做的你顯得非常大方，送禮也絕對是人際關係的潤滑劑）；但是，若維持一段友誼需要你淨空銀行帳號的存款，那絕對不健康，更絕非互相欣賞與平等尊重的關係。

我聽說過不少孤單的朋友，一腳跌進線上遊戲的世界裡，被佔了便宜而不自知。在某些遊戲中，玩家必須在觀眾注目下爭取虛擬的獎勵，而這些獎勵得用真實的金錢購買，買得夠多的人，就能獲得四面八方的讚揚。

我知道受到注目的感覺很好，
讓人覺得自己被看見、被賦予價值——
但是，那不是真的。

遊戲的設計就是為了讓你黏在螢幕上走不了，越花越多。我幾乎能聽見你這樣對我說：「露絲博士，可是我在這裡交了好多朋友，如果跟他們斷絕關係，我就沒有朋友了。」

如果並非深受孤獨之苦的朋友，也許這麼說算有點道理。但，若想脫離孤獨的苦楚，那麼在這類型的友誼上投資這麼多時間並不合理，也非你所需。你應該從線上遊戲的世界中抽離，轉而在真實世界找到興趣與精力，面對面認識新朋友。被納入朋友圈裡的任何一個人，都得明辨慎選。

為了特定目的
所打造的網站，
能讓你輕鬆找到
有一樣興趣的同好。

84

懂得如何慎選身邊的人之後，我鼓勵你找找有沒有哪些網站和手機應用程式，是為了特定興趣或族群量身打造的。

一個很好的例子，就是Meetup社群平台。你可以在上面找到各種興趣的同好聚會，不管是喝咖啡、練習外語，還是戶外散步，或一起打籃球、慢跑的夥伴。這在搬到新的城市或小鎮時特別有幫助，提供能立即與當地人產生交流的方法，更別說這些人你有相當機率會喜歡，而且住得不遠！

這類型的社群平台（Meetup不是唯一一個喔！）最讓我欣賞的地方是，所有負責組織活動的人都非常認真看待這份工作，極盡所能地讓出席的每一位伙伴感到舒適自在。他們會出聲歡迎新成員，並介紹每個人互相認識，讓你在抵達現場的幾秒鐘內，就能完全融入、成為團隊的一份子。

Meetup活動中，滿是心胸開放、樂於交友的人。在這裡，你會不會遇到一樣孤單、也在找尋對象，成為一起建立長期而有意義的人際關係的朋友呢？也許會，也許不會。但我敢打包票，只要用心參與，至少就高機率能建立幾段良性的友誼，度過不少美好時光呢。

千萬別隨便
開啟一段關係。
耐心等待，
對的緣分一定會出現。

85

在人生步入晚年後才開始找尋約會對象，不免讓人感到怯懦（其實，哪個年齡不是如此呢？）在佛列德離世以後，我終究還是開始找伴了。我在為猶太單身人士設計的線上交友平台Jdate上註冊，當初使用時，它還只是一個小網站，現在早已不可同日而語！

一開始，的確有刷到幾則有興趣的個人簡介；但這些配對成功的對象，並不足以讓我積極跟進。其中一位跟我一樣是治療師，另一位身高一百五十七公分，對我來說超加分！不過，我不會只因為想要身邊有伴，便將就於一段關係，你也一樣。我們都值得更好的待遇。

我能理解，年事漸長的人，難免會為時間所剩不多感到焦急，也許因此不容許自己挑三揀四，因為光陰只會無情地前進。我的建議是：千萬不要只因為歲月有限，就隨便開始一段關係。調整時間表，放下對截止日的執著，不要將就於勉強可以的對象。

你更該做的，是耐心等待合適的人。

請記得，一段不好的關係，

會讓人比單身時更加孤獨。

雖然我的Jdate交友之旅並不順利，但別讓個人的失敗案例澆滅鬥志。我好多朋友都在交友軟體上大有斬獲，特別是六、七十歲的朋友們。這些人的共同特質，就是他們都熱愛熟齡的自己，並不急著許下終身。

誠實面對自己的好惡

知道自己要什麼，
能幫你少繞些遠路。
尊重自己，
才能找到合適伴侶。

86

熟齡交友也是有優勢的。相對於二十幾歲的時候，已活過數十載的你不再徬徨，面對交友的世界，更能知道自己要的是什麼。這樣的自我認知，能幫助你在線上的個人檔案中，更直接坦白地呈現自我。若正閱讀此書的你是位年輕朋友，也請容我用個人案例加上多年治療師的經驗，幫助你省下不必要的頭痛。

我不喜歡下廚，所以假裝自己熱愛烹飪，並不能幫我找到合適的對象；展現我對滑雪的熱愛，可能比較有用。同樣地，如果你不喜歡海灘，卻刷到了一位看似度假時最愛在海灘躺椅上曬太陽的對象，請省下時間，不要找對方約會。如此篩選，能節省大量的時間與心力。

交友軟體的特色，就是容易找到約會對象，然後不斷換人、持續下去。我建議各位，一定要非常小心，不只要落實避孕措施、注意性傳染病，更要慎防連續約會帶來的空虛——這其實會讓你感到非常孤單，甚至比單身、不找人約會時更孤單。

持續在交友、約會的循環中反覆，
無法與他人產生有意義的羈絆，
有可能讓你感到貧乏、自我價值低落。

不管你是二十五歲還是六十五歲，上述道理都成立。只有百分之百對自己誠實、尊重自己的好惡，才能提升勝率、找到相守一生的伴侶。不要騙人騙己！

參訪在地景點

上網預訂旅遊行程，
或安排自由行吧。
參訪在地景點的經驗，
永遠是個好話題！

87

試試訂一張自己所在城市的觀光旅遊券，或參與旅遊導覽，認識你所住的地方。如果住在紐約，可以參與下東區的歷史導覽，並在結束後吃比薩和貝果。哈林區也有導覽能參加，它會帶你造訪哈林文藝復興的亮點，以及公民權利運動的相關地標。

你當然也可以用Google地圖或Yelp等手機軟體自行設計行程。如果覺得孤單，就找朋友一起來，這是鼓勵大家多往戶外走的好動機！知名的播客節目主持人兼作家葛蕾琴．茹彬在他的暢銷書《五感全開：充滿驚喜和意義的一年》[22]中表示：

「參訪景點是與他人分享經驗中，最受歡迎的方式之一。」

在此，分享我最後一個建議：下次，有機會造訪紐約的話，帶上家人一起，到我家附近華盛頓高地的修道院博物館（The Cloister）參觀吧。它位於崔恩堡公園內，是一座超棒的中世紀藝術博物館。逗留時，也別忘了到獻給我丈夫佛列德的長椅上坐坐。距離很近，從瑪格麗特・柯彬紀念圓環（的入口走一下就到了。若你們能夠造訪，會是我很大的安慰。

22 原書名為*Life in Five Senses: How Exploring the Senses Got Me Out of My Head and Into the World*，作者為Gretchen Rubin，於二〇二三年由Hachette UK出版。繁體中文版於同年由遠流出版事業出版。

善用手機的同時，
也要控制頻率。
我們必須駕馭科技，
而非受其操控。

88

是的，我們得學會與科技共存；不過，與此同時，也要誠實面對自己的使用量。我鼓勵大家在數位生活中維持活躍，但在使用科技時，得維持主導權與目的性，而且永遠不該為了它，賠上面對面的實體人際關係。

想知道自己是否花太多時間在線上，最簡單的方法，就是自我監控，並寫下結果。

我很希望各界研究人員能夠提供指引，讓大家知道使用網路多長時間是安全無害的，但這樣的研究結果目前並不存在。雖然沒有學術認證的確切時數，但我打賭，如果你滑手機的時間，已經多到開始影響真實世界的友誼和戀愛，那麼只要檢查看看自己的螢幕使用時數，就一定會發現某些運用時間的方式，還有改善的餘地。

如果有人告訴你，我們每天在科技上所花的時間必須是零的話，在此強調，我堅決不同意。如同本章節分享的，我們應該駕馭科技、利用科技的力量，打造人際關係。但同時，我也須重申，追蹤自己的螢幕使用時間非常重要，因為這是對自己負責任。你需要有人在身後時時盯著你、時時以你的利益為優先，而這個人，只能是你自己。

Your Monthly Calendar

你的人際月曆

假期是與他人產生互動、連結的絕佳機會。有些日子該慶祝什麼大家都知道，像是國慶日或感恩節，但「世界讚美日」（World Compliment Day）或「全國友誼日」（National Friendship Day）這種能打造正面人際關係的日子，也值得費心慶祝。

有些節日會使內心的孤獨感更加惡化。對近期喪親的人來說，父親節或母親節都可能讓他們感到格外疏離。此時，提前計畫要怎麼度過這意義重大的一天，會格外有幫助。

接下來，我會從一月份開始，循序介紹各月份節日的規畫方式。我猜想，你可能正在計畫新年新希望，以打造人際關係為自己未來一年的目標，這很棒喔！不過，如果你閱讀的此刻是六月，那該怎麼辦呢？難道該把找尋夥伴的計畫再擱置六個月嗎？當然不是。我這個人很沒耐性，請直接跳到閱讀當下的月份，立刻開始行動。

同時也提醒，**終結孤單的旅程並非一蹴可幾。請理解，改變現況需要時間，而成功的前提，是不放棄努力。**這也是為什麼，「你的人際月曆」會很有幫助。不管是哪一個月份、哪一個季節，你都能在本章節中找到能立即付諸實行的機會，輔助自己建立人際關係。如果不小心看到某個還要好久才會到的月份，裡頭有你喜歡的點子，那也請立刻行動，不浪費一分一秒。

接下來的這十二個月，就當作是露絲博士的人際餐盤附贈的健康點心，每一個月都提供嶄新的機會，讓你克服孤獨、過上更快樂而有意義的人生。

JAN

一月

還沒規畫新年新希望？沒什麼比深化社交圈裡的人際關係來得更好了。「今天的自己」一定要照顧「未來的自己」，不是嗎？

就算一路上跌跌撞撞，也不要覺得難堪。**現在就能開始行動**，**過一陣子後也能再開始**一次，**只要有機會**，**永遠都能重新開始**。每次我給自己設定新的目標時都很清楚，我不會完全照本宣科。沒有必要追求完美。對自己少一點批判，就算遇到挫敗，也不要放棄對目標的追求。

沒錯，好好利用新年的機會給自己嶄新的氣象，但不要把所有希望都寄託在這一個月裡。千萬不要因為拚盡全力卻徒勞無功而懲罰自己，勇敢地繼續前進，做出會讓你長期得益的選擇，不管是今年，還是此生。

FEB
二月

想到情人節就頭痛的話，就學學我的做法吧：打電話給另一位單身的友人，一起規畫兩人都能享受的時光。叫外送、一起看齣你們都愛的電影。如果決定要出門去餐廳或酒吧的話，誰曉得，可能會遇上桃花呢！

說了這麼多建議，有的人也許會想知道，但我其實不相信情人節是多偉大的日子。我覺得這是商人的陰謀，大家根本毋須放在心上。同樣的晚餐，在這一天，餐廳的收費會更高，花店也變出各式各樣額外的收費項目。不管去哪裡，都免不了遭到紅色和粉紅色的愛心轟炸，讓單身的朋友格外覺得孤單。

這也沒辦法，我知道這一天對單身狗們來說簡直度日如年。讓我提供兩個提振心情的方法吧。

第一個方法，**開趴**！我的朋友，也是前主播兼記者茱蒂·利琪特，每年都會舉辦一場女性限定的情人節派對，超級好玩。不一定要單身才能參加，也不限定孤寡或離婚。這個派對的定位，單純是讓女性朋友之間，有互相表達愛與關懷的機會。

第二個方法，**考慮幫單親爸媽或夫妻們帶小孩**。如此一來，你不但會覺得伸出援手的自己很優秀，更可能被孩子們鬧得忘了自己此時此刻沒有約會對象呢！

MAR

三月

三月一號，就是本章開頭提過的世界讚美日。如同在派對掏出手機幫大家拍照一樣，**給予讚美也是另一款打敗孤獨的秘密武器**。直接對別人說你喜歡他的上衣或者新髮型，一定會讓他自我感覺更好，而這個好心情則會衝著你發光。研究顯示，我們常常低估讚美能帶給他人的正面感受。我建議你，任意選擇一個他人身上的衣著配件，不管是帽子還是毛衣，說幾句讚美的話。這個方法既不具威脅性，又簡單有效，更重要的是，不花一毛錢！

然而，讚美的對象也不必是外顯的特徵。我最喜歡收到的讚美，是關於治療師的專業方面的。只要別人不因我嬌小的身高而看扁我，能正視我的工作與貢獻，就會非常開心，因為我其實常常暗自恐懼，身高會影響別人對我的工作評價。各位，如果我們有機會相遇，這就是我最想聽到的讚美。

APR
四月

每年的四月二十二號是世界地球日（Earth Day）。這一天絕對有各種淨灘、淨山行程，或野生的大地遊戲等活動等你參加，但我想請你考慮看看，要不要**至少花一部分的時間獨處呢？**也許你會認為這個建議相當荒謬。「可是……露絲博士，妳怎麼會叫我花更多時間獨處呢？這本書不是在寫打敗孤獨嗎？」

是的，我懂你想說什麼，而且也並沒有忘了這本書的目標。事情是這樣的，其實任何綠色的開放空間，都能讓我們感到不再孤單，因為自然提供了另類的方法，讓我們與周遭的世界產生連結。光是走向戶外，聽見風吹過枝葉簌簌有聲、望著溪流在巖石上輕巧跳躍，就足以提升心理健康。我這一生都熱愛自然，只要專注地看看雲朵、觀察周遭的松鼠，就能至少暫時忘卻心中的煩惱。

如果你還在想，下一次地球日要去哪個特別的地點與大自然重逢，紐約市內就有一座我最喜歡的花園。我女兒的朋友們在荷蘭經營花卉培育的工作，他們開發出新的鬱金香品種時，決定將那株短小而鮮豔的新品種鬱金香，命名為露絲博士！距離我家不遠的地方，我摯愛的崔恩堡公園裡，就種著幾百株此品種的鬱金香，那處也因此得名為「露絲博士的鬱金香花園」。下一次世界地球日，不妨就來看看我的鬱金香吧。

MAY
五月

若你正經歷喪母之痛，母親節的到來，一定會讓你覺得格外孤單。我母親的名字叫做伊爾瑪．韓瑙沃，我至今都還記得，她在德國將我送上火車、逃離納粹迫害的那一天，對我說的話：「乖，要用功讀書，在瑞士的一切都會很好的。我們一定會再見到彼此。」

母親的話語為我帶來希望，在人生最黑暗的時刻裡，支持我度過難關。在年屆百歲的此刻回顧一生，我只能滿懷敬畏之心。母親的勇氣如此偉大，我根本無法想像她經歷的恐懼——她對我的性命安危該有多深的憂慮，才會覺得當下最好的選項，竟然是將年幼的女兒送上火車，獨身前往一輩子未曾造訪過的異國，一塊放眼望去淨是陌生人的土地。

但是，我緬懷母親時，絕對不會在驚懼哀痛的回憶上逗留，而會專注回想我們同住一個屋簷下長達十年的燦爛時光。我對喪親之痛有切身體會，包含自己的，以及這幾十年來與客戶們共同面對的。根據經驗，我想對在母親節感到孤獨的朋友們提供三則建議。

第一則建議：**懷抱感恩之心**。光是心裡明白自己和母親擁有正面關係，就很值得歡欣鼓舞了，不是嗎？我在私人診療室中遇過許多客戶，與母親的感情並不好，這一點絕對不該被視為理所當然。

第二則建議：**騰出時間來思念母親**。就算你們之間因故決裂，或者從未親近也好，如果忽視自己的情緒，假裝沒有親情也無所謂，就會墜入更深的孤獨之中。

最後一則建議：如果還是深陷哀痛、無法自拔的話，**拿起電話撥給朋友吧**。但不要打給幾分鐘後就得掛斷的大忙人，找一個會靜靜聽你說、讓你一吐為快的朋友。我想，採用這些建議後不久，你就會漸漸好轉、不再覺得如此孤單。

對很多人來說，美食能增加人際連結與愛。不管出於什麼樣的原因——也許你們之間因故疏遠，也許他已離世——如果你在父親節[23]時特別想念爸爸的話，可以試著用味覺和嗅覺，來召喚對他的記憶，與之親近。我希望這麼做之後，你能夠不再感到孤單。

還年幼時，我的父親尤利烏斯．席格常做一道他的拿手菜給我吃。因為擔心我長不高，爸爸會準備蛋黃半熟、口感軟嫩的水波蛋，把麵包切成條狀，讓我方便沾著吃。我小時候常常胃口不好，父親總是用這道菜來刺激我的食慾。（現在的我胃口可大啦，吃起巧克力時根本停不下來！）此時回想起來，禮拜五晚上太陽下山前，我們攜手走去猶太教堂禮拜的路上，他也都會買香草冰淇淋給我吃。

有沒有哪一道菜或甜點，會讓你想起爸爸？用心品嘗這些令人回味的美食，也能幫助你重新找到與父親之間的羈絆，加深想念。

23 美國的父親節為每年六月的第三個星期日，是美國永久性的國定紀念日之一。

JUL
七月

法國籍輪船自由號駛向美國時，我搭的是第四艙等，也就是位於船底、異常擁擠、沒有隔間，票價最低廉的艙等。第四艙等的旅客當然不准上到其他艙等；但是，就在即將抵達紐約港的前一夜，後來成了我第二任丈夫的丹恩，跟我溜上頂層甲板，我們藏身在黑暗中，整整等了一晚，就為了一睹自由女神的英姿。能前往美國，就如同美夢成真，我當然不容許自己錯過那個早晨的風景。我打從心底感謝美國擊潰納粹德國，並引頸期盼了好久，終於能親眼看到那被拯救我們的美國大兵稱之為「家」的偉大國度！

美國人民常常忘了，能出生在自由的社會是多麼幸運的事情。也許現在的你深受孤獨之苦，但你有權力可以改變現況，不用擔心隔壁鄰居去向蓋世太保告密，說你跟「不對的人」有交集，也不會有同事檢舉你與「異議人士」往來。**雖然在大部分的狀況下，外在因素**

絕對能影響孤獨感；但我們都還保有做出正面改變的自由，並有權提升自己的生活品質和幸福。美國人享有的自治權利，就是我熱愛慶祝美國獨立紀念日（Independence Day）的原因。每年七月四號的假日，也是你和在地社群聯絡感情的好時機！

你可以試著參加鄰里的慶典籌辦委員會，幫忙安排遊行，或確保煙火施放的安全。組織、籌畫這類型的活動通常要花不少時間，因此，你會有充分的機會與同一群鄰居討論，如此持續的互動，必能加深你們之間的情誼。假設你沒有這麼多空閒時間，又剛好知道隔壁鄰居的爸爸或媽媽是職業軍人的話，何妨邀請他們的眷屬及孩童一起參與你家的烤肉派對呢？我就是最好的例子，只要有人邀請，我都樂於參與，因為這表示別人喜歡與我共處，這讓我的感覺更好。你也可以對鄰居釋出一樣的善意，溫暖他們的心。

AUG
八月

每年八月的第一個星期天，是全國友誼日（National Friendship Day），這個日子提醒我們對身旁的友人表達謝意。我非常珍惜周遭的朋友們，因為他們填補了喪親的我內心的空白。每次他們打電話、寫信給我，或撥空造訪我家，都使我滿懷感恩。每一位朋友都知道自己在我心中有多重要，因為我從不掩飾內心的關懷。

把朋友當成理所當然的話，他們就會慢慢遠去。各位很快就會讀到我與美國首席醫官費維克．莫爾提的對談，其中提及，他曾因為工作忙碌，而疏於維護生命中最重要的人際關係。費維克在刊登於《紐約時報》的文章裡寫：「當我得聯繫長期被我忽略的朋友時，我感到很羞恥。」全國友誼日就是很好的工具，提醒你該讓朋友們知道你有多在乎。

我建議各位在全國友誼日這麼做：寫下簡短的朋友清單，然後傳一封簡訊或者電子郵件給清單上的每一個人。方便的話，直接打電話給他們更好。不管你用什麼方式聯繫，目標都是一致的：告訴朋友們，你珍惜彼此的友誼。如此，不只對方會感到歡欣，就連你自己的心都會充滿喜悅。早已有研究證實，表達感謝之意能提升幸福感，這是不是雙贏的提案！

感恩具有加深友誼的能力，能讓彼此的關係更有意義。傳達對朋友們由衷的感謝，他們便會覺得自己的價值受到肯定。誰不喜歡聽到他人的感謝呢？

SEP
九月

我小時候受盡了爺爺奶奶的嬌慣，到自己也當上奶奶後，不意外地也成了寵孫魔人！我一生中，最珍愛回憶的其中一段，就是帶著孫子阿里，到電子遊樂場玩耍的時光——我在機關槍遊戲中的表現，讓他驚喜不已——別忘了，我可是貨真價實的國防軍狙擊手。離開時，我們贏了滿手的娃娃，阿里樂得無法置信！

祖孫之間的感情如此特別，以致於我已經針對這個主題寫了好幾本書，現在還在與指揮家好友艾瑞克（就是本書第40節〈培養多采多姿的友誼〉中跟各位提到的鄰居）一起籌畫音樂會，節目暫定名即為「露絲奶奶獻給世界的樂曲」（Ruth Grandmother to the World，暫譯）。

說了這麼多，無非就是希望各位能將注意力放在全國祖父母節（National Grandparents Day）上。美國的全國祖父母節，在勞工節

（Labor Day，每年九月第一個星期一）過後的第一個星期日，這一天是祖孫同樂的完美時機。通常，祖父母會在這一天贈送禮物給孫子們，而孫子們也可以反過來，為祖父母帶來一點歡笑，或者幫他們做一些有用的活兒，像是烤個香噴噴的派、陪看球賽、幫忙修理遲緩的電腦……等。只要撥出時間探望祖父母，祖孫間的特殊情誼就有機會滋長。

當然，我也很清楚，不是每位祖父母都有這樣奢侈的時光，能與孫子共享。這也是為什麼，我想請各位探索成為代理祖父母的可能性，就算一天也好。提前跟鄰居聊聊看吧，跟他們說，你想在全國祖父母節當天，帶他家的孩子們去吃冰淇淋。與孩子相處的時候，記得問他們任何祖父母都會關心的問題，像學校好玩嗎、朋友是什麼樣的人……等。

若想要更正式地參與代理祖父母的運動，許多網站和臉書群組都有提供此服務，有的甚至還有配對的功能。紐約市政府高齡服務組（The New York City Department for the Aging）是我在擔任紐約州孤獨大使期間共同合作的單位，他們就有提供正式的領養計畫，將五十五歲以上的市民與需要的青少年或幼童配對，讓年長者提供輔助，以利孩子們在學業、社交與情緒上的健康發展。

這樣的計畫，不但能幫助銀髮族參與社群、減緩高齡孤獨的情況，更能鼓勵跨世代的交流，減少社會對高齡者的刻板印象。美國各地都有類似的計畫，只要花點心思搜尋，就能報名。參與代理或領養計畫不但會讓你更開心、帶來不同以往的美好體驗，同時也讓你貢獻一己之力，打造連結更緊密的祥和社會。

OCT
十月

我還在德國生活的童年時光，家裡並沒有慶祝萬聖節的習慣。當時，萬聖節的習俗還沒有從美國飄洋過海，傳到歐洲大陸。雖然之後德國也趕上了慶祝萬聖節的風潮，但我早已離鄉多年。不過，離開德國後，我參與了不少萬聖節派對，更曾經打扮成卓別林——穿上完美複製的西裝、絨毛禮帽和鬍鬚——這堪稱是一生中最完美的萬聖節裝扮，我甚至還全程學他企鵝走路呢！

覺得孤單的人，可能會有衝動想在十月三十一號這天關掉家裡所有的燈，假裝自己不在家。但，為了增進你與鄰居之間的關係，我建議你重新考慮。

孩子們還小時，父母往往會一起陪同進行「不給糖就搗蛋」的活動。這無非是天賜良機，讓你能展現熱愛歡笑、溫暖好客的一面！何不穿上應景的服裝，在孩子們按門鈴嚇你時，回以最熱烈的反應，送出一把把糖果呢？如果你打扮成女巫，就大聲點學女巫嘿嘿笑。這樣的話，不只是孩子們能玩得開心，他們的父母更會感謝你——這就是重點，**你表演的觀眾不是上門討糖的小公主或小精靈，而是他們的父母**。我希望，在萬聖節過後不久，你們在路上遇見彼此時，就能夠自然而然地打招呼了。

NOV
十一月

我很喜歡感恩節，因為這是所有大型節慶之中，少數非特定宗教的重要節日之一。感恩節將所有人凝聚在一起，橫跨宗教、派別，就連無信仰者都會慶祝；但是，家家團圓的壓力，也可能會讓人害怕感恩節到來。或許你的原生家庭中，沒人能共度這個大日子；又或許你得花上大半天與老是數落自己的家庭成員一起度過，所以光是想到就很焦慮。無論是哪一種情形，都請容我提供幾個解決方案。

首先，**調整自己的期待**。感恩節從來就不是電影裡過度美化的歲月靜好。大部分人家的感恩節，都免不了災難：家人吵架、火雞肉烤得太乾、有人被氣哭……大餐往往也沒有預期中的豐盛美味。我希望你先做好心理準備，面對這個現實。

其次，**學會示弱、展現自己的需要**。這一次，請找一位鄰居或朋友坦白。如果無法誠實地對至少一位朋友傾訴，誰又會注意到你在感恩節無家可歸呢？不要隱藏處境，讓別人知道你的需求吧。
最後一點，**下次感恩節到來之前，請提前做好計畫**。期待難題會船到橋頭自然直，是不切實際的。一定要主動出擊。

DEC
十二月

冬至也是一年之中夜晚最長的一天。這就是為什麼，十二月的節氣總跟燈火脫不了關聯，家家戶戶必須點上燈，才能與深冬的幽暗抗衡。如果只能從這本書裡選一則教訓，那我最想要各位謹記在心的，就是這一點：你有權選擇讓自己的生命更廣闊、更明亮。

孤獨的你，此時極有可能承受著與世隔絕的窒息感，彷彿自己的世界只是一片絕望荒涼。請聽我說：**不要被孤獨打敗。最寒冷刺骨的冬天、最幽暗陰沉的時刻都會過去，我們一定能再次沐浴在溫暖的陽光中**。請照我的建議一項一項去做，堅忍地撐到融冰的那一天。

我在瑞士的育幼院時，特別是不再收到父母的信件以後，有好幾次都已孤單得無法忍受、幾乎想放棄生命。我的過去已被歷史的悲劇完全抹消，而未來充滿未知。

但是，看看現在。當年絕對沒有人猜得到，這樣的我竟然能夠成為世界知名的治療師，沒有人會相信，美國任何一州願意任命我為該州孤獨大使，那些因為身高和外表嘲笑我的人，每一個都跌破眼鏡。在找到自己生命中的明燈之前，請把我的故事當作一盞希望，帶領你前進。

此刻的你，也許嘗盡生命的苦澀；但我相信，任何困境都有翻轉的契機。不過，若躲在黑暗中裹足不前，改變是不會發生的。我希望你採取行動，用心孕育帶來幸福與意義的關係。**你做得到**。

露絲博士與美國首席醫官費維克・莫爾提的特別對談

對談人：露絲博士（以下簡稱露）／費維克・莫爾提醫師（以下簡稱莫）

露 在這本書裡，我與讀者們分享了很多與孤獨抗戰的經驗。我想讀者們會很驚訝，您也曾深受孤獨之苦。您的人生中曾有獨居的經驗，甚至常常好幾天見不到一個人。在那樣的時候，您是如何開始打造有意義的人際關係呢？

莫 對當時的我來說，有意識地主動與他人互動，是深化人際關係最有效的方法。我更積極地與家人、朋友聯繫，就算只是花五分鐘聊聊對他們的想念也好。更重要的是，每次相處，我都給予對方全部的專注，不浪費互動的每一分每一秒。其實，原本我並不是這樣的人，但後來我非常努力改變，更空出時間對需要幫助的朋友伸出援手。這是因為，我發現幫助別人時，受惠最深的是自己——朋友有難，讓不得不我從蝸居的孤獨中走出來，其實，是朋友幫了我，讓我再次感受到自己對這個世界有價值、有貢獻。

露 本書提供了一百種不同的點子和機會，幫助大家創造豐富的人際關係。在您的觀點中，打敗孤獨應該採取的第一個步驟是什麼呢？

莫 孕育人際關係的行動不必複雜。只要每天能撥出幾分鐘來聯繫生命中最在乎的人，就是很好的起步。不管是選擇表達感恩之情、提供協助，還是請求幫忙，都是可行的做法。這些小小的舉動影響很大，不但會令人感受到與世界的連結，更對整體的身心健康極有助益。

露 有許多朋友羞於承認內心的孤單和脫節感。擔任紐約州孤獨大使時，我一直想方設法擊潰這種恥辱。在美國首席醫官的重任之中，您是用什麼樣的方法來挑戰這個禁忌話題？

莫 我的一生中，也遇過好幾次不得不與孤獨抗戰的時期，所以很懂這種恥辱感。我之所以會經由正式的管道，發出「孤獨已成境內流行病」的健康建議，就是為了刺激大眾公開地討論孤獨議題——這早已是數百萬人都在經歷的苦痛，卻鮮少人願意鬆口。最近，我剛在國內多所大學完成巡迴演講，與年輕朋友們暢談他們所體驗到的脫節感，並分享一些能重建人際連結的秘訣。只要大家能公開地討論孤獨，我們就能幫助彼此了解，不是只有你一人在和孤獨傳染病孤軍奮戰。

露　其實美國人愈來愈孤獨，由來已久。是什麼樣的契機，促使您正式宣告孤獨已成美國境內流行病？這個問題早在新冠肺炎之前就存在了，不是嗎？

莫　的確，新冠肺炎讓孤獨的情形更加惡化，但是如您所說，多年來，孤獨和疏離感早已是社會上廣泛存在的挑戰。我會發出首席醫官的健康建議，是因為體驗到孤獨與脫節的國人，其數量和嚴重的程度，都很讓人擔憂。我希望大家知道，孤獨其實是相當常見的問題，也讓大家理解，它會對我們的身心健康造成什麼樣的影響。缺乏社交，會提高憂鬱症、焦慮、心血管疾病、失智，甚至是猝死的風險。

露 在您公告相關健康建議過後，造成了什麼樣的改變？

莫 自從正式成為境內流行病後，地方政府、組織團體和學校都開始正視孤獨危機，並進行許多提升人際連結和打造社群的工作。縣、市與州政府擬定該地打擊孤獨的策略方針；多位眾議院議員合作草擬相關政策，提升社會連結；教育機構則開發幫助學生打造健康關係的計畫。有很多宗教組織也與我分享，他們現在會在教會或聚會中，更公開地討論孤獨。孤獨的危機早已遍及全球，不只是美國境內的問題。去年，我成為世界衛生組織社會連結委員會的副主席，也會在這個崗位上，與全球的孤獨問題抗戰。

露 在我的書裡，並無著墨孤獨對身體健康造成的影響，但我知道這些影響也相當深遠。是否能分享，您最擔憂哪些健康問題？

莫 孤獨所造成的問題，絕對不限於心理健康層面，也會對身體健康造成極大衝擊。除了已提過的健康風險之外，社交上的孤立與死亡率有正相關，其影響不亞於每天抽菸，甚至比肥胖的致死率還高。長期暴露在孤獨與社交孤立環境中的個體，罹患糖尿病與中風的風險也會提升。

露 我在工作上常使用行為治療法，幫助人們克服性生活的困難。您會建議深受孤獨之苦的朋友，在發現什麼樣的徵兆時，應該要尋求專業協助呢？

莫 孤獨是相當自然的感受，我們每個人的一生中都難免會體驗到。就像飢餓和口渴，孤獨也是身體在告訴我們，生存的基本需求未被滿足。但，若這種感受持續太久，就會對身心健康造成影響。如果你已用盡全力，仍無法改變孤獨感，或者已經影響到日常生活，更甚者，孤獨已讓你開始產生自殘的念頭，就是該尋求專業協助的時候了。可以打電話或傳簡訊到心理健康危機專線[24]，任何時候都會有專員接聽，提供協助。

露 您初次擔當首席醫官的重任，是在歐巴馬總統執政期間，您曾不諱言，當時的自己內心格外孤獨。在《紐約時報》刊登的文章中，您如此寫道：

忽然間，我與多年來朝夕相處、並肩作戰的同事們都失去了聯繫。如果我沒有犯下這關鍵的錯誤，也許一切還不會這麼嚴重，但，在擔任首席醫官期間，基本上我忽略了所有的友誼。當時的我深信，我一定只能全神貫注在這份重要的工作中，絕對無法兩者兼顧。

我想問的是：您有沒有為自己指派專屬的孤獨大使呢？（我在本書第27節〈開口請求協助〉有說明孤獨大使的重要）。在您日以繼夜的奮戰中，是誰在背後守護著您呢？

莫

通常，我太太是第一個發現我的意志已瀕臨崩潰的人。我也很依賴好友遜尼和大衛，常常打給他們，幫自己釐清混亂的心情和思緒。多年前，我們決定一起成立自己的moai，仿照日本沖繩地區「模合」[25]的傳統，三人聚在一起，明確地表達為彼此撐腰的承諾。我的模合夥伴遜尼和大衛著實改變了我一生的軌跡。

露　全人類都在努力打造連結更緊密、更富有意義的人生，在這條路上，是什麼持續支持您、給您希望？

莫　社會上的每一位成員，對於人際連結都有根本的需求，就是這一份渴望，將我們緊緊相繫。不管去哪裡，都有人急著跟我討論培養人際關係的方法。我遇過學校、公司行號、縣市長……等，每一個單位都在努力打造各種專案，讓人們能凝聚在一起，促進健康的人際關係。更讓我振奮的是，只需要一點點人際的連結，就能在打敗孤獨上產生巨大的效果。作用最強的解藥，往往就在我們身邊：那些已經疏於聯繫的家庭成員、鄰居、工作夥伴或朋友，可能正跟你一樣，渴望著與他人重建關係。

25 通常由幾位關係相近的人組成，會定期聚會，並提供對方所需的一切金錢或情感支援。

其他資源

我希望各位讀完《別擔心，世界總會擁抱你》後有所收穫。合著者艾莉森．吉爾伯特的網站上還有許多關於孤獨以及如何與之抗衡的方法，網址為：allisongilbert.com。艾莉森彙整了多種其他資源的清單，包括書籍、文章以及各相關組織，旨在研究社會孤立，並幫助個人打造實質的幸福人際關係。

• 書籍

孤獨早已是出版界熱門討論的主題，因應這波孤獨導致的大眾健康危機，已有許多相關著作問世。其中一些內容，在本書中有直接引述，另外也有不少作品，幫助我更深刻地理解幸福的基礎，以及有意義的關係該如何形成。除了已提過的書籍之外，還有許多其他作品值得一讀。我推薦以下這五本：

・Brooks, Arthur C., and Oprah Winfrey. *Build the Life You Want: The Art and Science of Getting Happier*. New York: Portfolio, 2023.（《打造你要的人生：歐普拉與哈佛教授談更幸福的藝術與科學》，歐普拉．溫弗蕾、亞瑟．布魯克斯著，鍾玉玨譯，商業周刊出版）

- Cacioppo, Stephanie. *Wired for Love: A Neuroscientist's Journey Through Romance, Loss, and the Essence of Human Connection.* New York: Flatiron Books, 2022.（《為什麼要戀愛：情愛、孤獨與人際關係》，史娣芬妮．卡喬波著，張嘉倫譯，遠見天下文化出版）
- Heng, Simone. *Let's Talk About Loneliness: The Search for Connection in a Lonely World.* Carlsbad, CA: Hay House, 2023.
- Radtke, Kristen. *Seek You: A Journey Through American Loneliness.* New York: Pantheon, 2021.
- Waldinger, Robert, and Marc Schulz. *The Good Life: Lessons from the World's Longest Scientific Study of Happiness.* New York: Simon & Schuster, 2023.（《美好人生：史上最長期的哈佛跨世代幸福研究，解答影響一生最重要的關鍵》，羅伯特．沃丁格、馬克．修茲著，胡宗香譯，天下雜誌出版）

研究報告

社會孤立是眾多科學研究關注的主題。許多研究人員投入探討導致個體產生孤立感的根本原因，以及該現象對我們的身心健康有何深遠的連鎖反應。同樣，他們也在研究，在怎麼樣的基礎上，能建立成功又充實的人際羈絆。我在這裡列出幾份相關報告和研究，書中也有引述部分內容。

- Boothby, Erica J., and Vanessa K. Bohns. “Why a Simple Act of Kindness Is Not as Simple as It Seems: Underestimating the Positive Impact of Our Compliments on Others.” *Personality and Social Psychology Bulletin* 47, no. 5 (2021): 826–40.
- Epley, Nicholas, and Juliana Schroeder. “Mistakenly Seeking Solitude.” *Journal of Experimental Psychology: General* 143, no. 5 (2014): 1980–99.
- Hall, Jeffrey A. “How Many Hours Does It Take to Make a Friend?” *Journal of Social and Personal Relationships* 36, no. 4 (2019): 1278–96.
- Murthy, Vivek H. “Our Epidemic of Loneliness and Isolation: The U.S. Surgeon General's Advisory on the Healing Effects of Connection and Community.” 2023. surgeongeneral.gov/connection.

・TheLi.st in partnership with BSG and Berlin Cameron. “10 Minutes to Togetherness, 2024 Research Report and Tool Kit.” Accessed May 12, 2024. 10minutestotogetherness.com.

組織

以下為致力理解並解決孤獨問題的專家所屬之組織，值得關注並取得最新訊息。

・終結社交疏離與孤獨聯合組織Coalition to End Social Isolation and Loneliness（https://www.endsocialisolation.org/）

・世界衛生組織社會連結委員會WHO Commission on Social Connection（https://www.who.int/groups/commission-on-social-connection）

・社會連結基金會Foundation for Social Connection（https://www.social-connection.org/）

・全球孤獨與連結行動計畫Global Initiative on Loneliness and Connection（https://www.gilc.global/）

- **上社群網站追蹤我們**

  - Dr. Ruth露絲博士的社群網站，目前由皮耶．勒胡維護（X：@AskDrRuth）
  - Allison艾莉森的社群網站（Instagram, Facebook, X, LinkedIn：@agilbertwriter；YouTube：@allisongilbert）

- **電子報**

歡迎上網訂閱由艾莉森主筆的免費月報（https://www.allisongilbert.com/subscribe/）。此月報中，艾莉森將持續分享孤獨相關議題的公開對話，並提供幫助您開發、孕育人際關係的最新策略。她也會定期向大家分享其他寫作計畫的進度，強烈推薦各位訂閱！（目前僅有英文版）

- **寫電子郵件給我們！**

各位讀者採用了什麼樣的策略來打敗孤獨、活出更快樂有意義的人生呢？歡迎來信與我們分享。皮耶和艾莉森共同的電子郵件地址為：connections@allisongilbert.com

露絲·魏斯特海默博士的生平大事記

1928	在德國中部的小鎮費森菲爾德（Wiesenfeld, Germany）出生，本名為卡若拉·露絲·席格（Karola Ruth Siegel）。
1939	十歲半時，被送上從法蘭克福出發、由難民兒童救援運動所安排的火車，逃離納粹屠殺，開始在瑞士海登（Heiden）的孤兒院生活。
1945	移民到巴勒斯坦，改名為露絲（Ruth）。
1948	在二十歲生日當天的炸彈攻擊事件中受到重傷。
1956	搭乘自由號抵達美國紐約。
1957	產下女兒彌芮安·魏斯特海默（原姓為Bommer）。
1959	於紐約新社會研究學院取得社會學碩士學位。
1961	與佛列德·魏斯特海默結縭。
1963	產下兒子喬爾·魏斯特海默。
1970-1979	於哥倫比亞大學師範學院（Columbia University Teachers College）取得教育學博士學位。研習性治療師領域專業，並開立私人診所。
1980	廣播節目職涯開始，在WYNY-FM頻道播出預錄節目《性方面來說》（暫譯），該節目在隔年轉型為現場直播。
1981-1990	其廣播節目升級為全國性節目，露絲博士亦以主持人身分成為指標性人物，常受邀以來賓身分參與深夜節目播出。著作無數（《別擔心，世界總會擁抱你》為露絲博士第四十六本出版作品）。主持多檔有線電視節目，並登上《時人雜誌》（People Weekly）封面，至全球各地授課演講。
1997	佛列德·魏斯特海默逝世。
2000-2022	持續教書並在媒體曝光，曾同時在耶魯大學與普林斯頓大學任教。出版更多書籍。在舞台劇《露絲博士傳》（暫譯）與紀錄片《露絲博士答客問》（暫譯）中參與演出。
2023	受紐約州州長凱西·侯庫爾延請，出任該州孤獨大使。
2024	因應孤獨流行病，出版合著書籍《別擔心，世界總會擁抱你》。 七月十二日與世長辭。

特別感謝

露絲博士想感謝——

我想藉此機會緬懷我在猶太大屠殺中喪生的家人，以及在我所有的事業中始終支持鼓勵我的丈夫佛列德。也感謝我身邊的家人們：我的女兒，教育學博士彌芮安．魏斯特海默、我的女婿，工商管理學碩士喬爾．艾恩烈格、他們的孩子阿里和法律博士莉歐拉，以及莉歐拉的丈夫艾倫．凱恩。我的兒子喬爾．魏斯特海默博士、媳婦芭芭拉．萊基博士，以及他們的孩子米開爾和班傑明。我有全世界最棒的孫子！

感謝我所有的家人和朋友，為我的人生增添豐富的色彩，真的要說起來，一整章都寫不完，但在這裡不得不提到的有：皮耶．勒胡，他和我已經合作超過兩打著作，是我最稱職的公關部長！還有艾莉森．吉爾伯特，她是一名出色的記者與作家，不管是作為本書合著者還是友人，都是我人生中不可多得的寶藏。

此外，我的鄰居艾瑞克．奧克斯納大師和他的伴侶末光正孝（推定漢字名）在我生病以來，每天都來探望我兩次。我的老朋友、一起在董事會服務的「法律巨擘」傑夫．塔巴克律師和妻子瑪麗蓮．塔巴克，我的私人助理克里夫．儒彬，謝謝你們！

我也沒忘記我的助手們，首先是施克特．圖納吉，他已經陪伴我超過十五年了，還有塔梅卡．麥克勞德、瑪西婭．布朗和雅琳．韋德伯恩、賴瑞．安基羅、彼得．班克斯博士、醫學博士彼得．伯傑、柏格森夫婦賽門和史蒂芬妮、內特．柏克斯、醫學博士大衛．貝斯特、湯姆．查平、醫學博士法蘭克．協韋納克、醫學博士理查．科恩、馬丁．英格利雪、辛西亞．福克斯．愛普斯坦博士、妮莉．法利克、托瓦．費爾德舒、約翰．福斯特。

我的老鄰居兼朋友，勞爾．加洛普和邁克爾．貝拉、邁耶．格拉澤博士、大衛．戈斯林博士、赫爾曼．霍赫伯格、大衛．赫里克律師、安妮特．因斯多夫和馬克．伊森夫婦、史蒂夫．卡普蘭博士、巴瑞．多夫．卡茨拉比和蕭西．卡茨夫婦、邦妮．凱依、帕蒂．肯納。

猶太遺產博物館（the Museum of Jewish Heritage）的董事會主席傑克．克利格，以及其他董事會成員和工作人員，包括海莉．庫珀史密斯、醫學博士哈洛．柯普利維茨和琳達．希羅、醫學博士羅伯特．克拉斯納、內森．克拉維茨博士、瑪加．昆洛瑟、院長史蒂芬．拉松德、馬修和薇薇安．拉扎爾夫婦、威廉．勒博拉比和勒博夫人、羅斯瑪麗．萊基、霍普．詹森．萊希特博士、茱蒂．利希特、洛威夫婦傑夫和南希．簡、洛洛斯夫婦約翰和金吉兒、桑福德．洛帕特博士和蘇珊．洛帕特、大衛．馬威爾、瑪加．米勒、傑夫．穆蒂、彼得．尼古列斯鳩、諾斯曼夫婦華爾特和黛比、戴爾．奧德斯、法蘭克．奧斯本、詹姆斯拉比和伊拉娜．波內特、萊絲莉．拉爾、羅斯夫婦鮑勃和伊維特、黛博拉．喬．勒普、茹沃夫婦賴瑞與卡蜜拉、蘿絲．施賴伯、丹尼爾．施瓦茨、阿米爾．沙維夫、醫學博士大衛．西蒙、約翰．西爾伯曼律師、傑瑞．辛格曼、馬克．聖日耳曼、史坦因夫婦亨利和雪莉、馬爾侃．湯姆森、莫里斯．圖尼克。

特別感謝紐約州州長凱西．侯庫爾、紐約州參議員莉茲．克魯格、美國首席醫官費維克．莫爾提醫師、我們優秀的經紀人彼得．史坦伯格和他的助理哈利．謝勒。我也深深感謝Rodale Books出版社和企鵝藍燈書屋（Penguin Random House）的所有成員辛勤的耕耘，讓此書得以問世，包括：馬修．班傑明、米婭．普利多、凱莉．道爾、克里斯汀娜．福克斯利、凱拉尼．勒姆和辛蒂．穆雷。

艾莉森想感謝——

不難想像，我在此最想致意的對象就是露絲．魏斯特海默博士。她成為紐約州孤獨大使時，我恰巧負責為《紐約時報》撰寫相關報導，成了我們相識的契機。自初次見面以來，一年多過去了，這期間我們一起為此書奮戰，幾乎每個禮拜都一起度過，不誇張地說，她已成為我人生中最珍貴的關係之一。很榮幸您給予我機會參與此書的撰寫，能夠成為您所定義的大家庭中的一份子，更讓我感到無比幸運。您讓認識您的每個人都感到自己有多獨特，也包括我。

我還要感謝此書的另一位超棒的合著者：皮耶．勒胡。您運用專業知識，將此書中所提到的關鍵概念與線索完美整合。與您共事的過程中，我們不僅產出了一本關於克服孤獨和尋找歸屬感的開創性著作，更在彼此之間建立了嶄新的友誼，對此我滿懷感激。很幸運當時有凱特．布福德和托瓦．費爾德舒不吝引薦，我才能認識您。

我想盡量避免讓讀者們重複閱讀露絲博士已經強調過的許多名字，但我必須再次重申其中的幾位。衷心感謝喬爾．魏斯特海默、彌芮安．魏斯特海默與家人們，為此書展現慷慨善意與孜孜不倦的協助。我也想藉此對我在UTA的作家經紀人彼得．史坦伯格表示謝意：您自始至終對此書的信念毫不懷疑，更大膽為其推薦背書，給我們難以置信的鼓舞。我很幸運有您的頂尖團隊在背後為我們撐腰。致此書的編輯馬修．班傑明：感謝您不失細心地加急處理這份稿件，您憑藉清晰的思路為此書提供許多睿智的的建議，每一頁都因您而更臻完美。

感謝所有學者專家和作者，不管是直接受訪，還是提供資源為我們指點方向，各位對本書的貢獻難以計量。包括美國首席醫官費維克・莫爾提醫師、茱蒂・布魯姆、亞當・格蘭特、丹・哈里斯、珊妮・霍斯汀、葛蕾琴・茹彬、貝克夫婦偉恩和雪柔、丹尼爾・格林伯格、傑弗瑞・霍爾、萊恩・詹金斯、史蒂文・梵科恩、格雷戈里・羅斯、德瑞克・彭斯拉、湯姆・伍斯特、羅布・馬洛尼、奎爾・庫克拉、約瑟夫・斯特拉蒙多、大衛・霍爾茨拉比、安妮・休克特、雪莉・特爾克、理查德・懷斯伯德和茱莉安・霍爾特倫斯坦德。還要向翠西・多若摩、凱蒂・迪莉、簡・莉奇特和羅西歐・克魯茲表達最深切的謝意。

特別感謝我親愛的朋友們艾比・桑塔瑪麗亞、海瑟・克拉克和蘿芮・格溫・夏皮羅，記得此書的種子開始萌芽時，我們正一同參加一場歡騰的晚宴。還有麗莎・貝爾金、克莉絲汀娜・貝克・克萊恩、蘿拉・梅澤、伊芙・卡恩、艾咪・雷丁、卡拉・卡普蘭、克莉絲汀・西普里亞尼和莎拉・卡特羅爾，她們總能提振我的士氣，讓我感受到關愛與重視。

我由衷感謝《紐約時報》的模範編輯比爾・佛格森。我的文章〈露絲博士曾拯救了大家的性生活，而現在，她想治癒孤獨〉[26]有幸受您指點。我很肯定，如果沒有我們在這篇報導中的合作，這本書就不會誕生。您在編輯上的鬼斧神工和精深的專業知識曾不只一次讓我受益，我真的是一位非常幸運的作家。

我小學、高中、大學到現在最親愛的朋友們——克莉絲汀．布蘭德、貝姬．卡德爾、翠西．克斯提根、布魯克．艾吉康姆、南西．佛利德曼、坦雅．杭特、荷莉．羅森．芬克、蕾秋．豪普特、卡莉．諾布羅霍、丹妮茲．阿亞茲．慕莉絲、珍．羅斯，和珍妮特．羅斯巴赫。你們讓我的視野更遼闊、人生更有意義。

給我的家人：我的丈夫馬克，自從我們在過夜營隊認識以來，就成了彼此最好的摯友，還有我們聰明、善良、可愛的孩子傑克和萊克西，你們值得能帶來喜悅、讓人生圓滿的人際關係。你們三個是我一生最珍貴的羈絆。

皮耶想感謝——

感謝我最親近的家人，自從我深愛的妻子喬安．珊米娜拉去世以來，一路給我極大的支持：我的兒子彼得．勒胡、媳婦梅莉莎．蘇麗文、我的孫子裘德和瑞斯，以及我的女兒嘉比芮兒．佛勞利、女婿吉姆．佛勞利、孫女伊莎貝爾和孫子詹姆斯．約瑟夫；也感謝那些幫助我自己克服生命中的孤獨感的朋友和家人，包括整個珊米娜拉家族、彼得．薩加和加利．紐菲爾德。

特別感謝這本書能順利出版背後的功臣，首先是我們的經紀人彼得．史坦伯格，透過他的人脈，我們好像在眨眼之間就得到了理想的合約，還有彼得的助理哈利．謝勒。也感謝Rodale Books出版社的所有人員，有大家齊力協助，才得以讓此書問世：馬修．班傑明、米婭．普利多、凱莉．道爾、克里斯汀娜．福克斯利、凱拉尼．勒姆和辛蒂．穆雷。

此外，和我唇齒相依（還是該說滑鼠相依？）的神隊友艾莉森．吉爾伯特，我們花了無數個小時一起架構、書寫、一字一字地反覆檢查，謝謝、謝謝、謝謝妳！沒有妳鋼鐵般的紀律，這本書能帶給讀者的幫助會大大減少。

當然，我也要對露絲．魏斯特海默博士致上最深的感恩之情。有幸自一九八一年以來，一直擔任您的公關部長。儘管近年您的健康狀況起伏不定，您從不放棄尋找方法，來幫助大家解決生活中面臨的問題，即使得讓您使出魏斯特海默奇招不只一次，您也在所不惜。

26 原文：Dr. Ruth Saved People’s Sex Lives. Now She Wants to Cure Loneliness，報導網址為：https://www.nytimes.com/2023/11/09/nyregion/dr-ruth-loneliness-ambassador.html

別擔心，世界總會擁抱你 The Joy of Connections

作　　者　露絲・魏斯特海默 Ruth K. Westheimer
　　　　　皮耶・勒胡 Pierre Lehu
　　　　　艾莉森・吉爾伯特 Allison Gilbert
譯　　者　林岑恩

責任編輯　杜芳琪 Sana Tu
責任行銷　曾俞儒 Angela Tseng
封面裝幀　之一設計
內頁插畫　之一設計
版面構成　譚思敏 Emma Tan
校　　對　黃蒓肴 Bess Huang

發 行 人　林隆奮 Frank Lin
社　　長　蘇國林 Green Su

總 編 輯　葉怡慧 Carol Yeh
主　　編　鄭世佳 Josephine Cheng
行銷經理　朱韻淑 Vina Ju
業務處長　吳宗庭 Tim Wu
業務主任　鍾依娟 Irina Chung
業務秘書　陳曉琪 Angel Chen
　　　　　莊皓雯 Gia Chuang

發行公司　悅知文化　精誠資訊股份有限公司
地　　址　105台北市松山區復興北路99號12樓
專　　線　(02) 2719-8811
傳　　真　(02) 2719-7980
網　　址　http : //www.delightpress.com.tw
客服信箱　cs@delightpress.com.tw
I S B N　978-626-7537-96-1
建議售價　新台幣４２０元
首版一刷　２０２５年５月

國家圖書館出版品預行編目資料

別擔心，世界總會擁抱你／露絲・魏斯特海默(Ruth K. Westheimer), 皮耶・勒胡(Pierre Lehu), 艾莉森・吉爾伯特(Allison Gilbert)著；林岑恩譯. -- 首版. -- 臺北市：悅知文化 精誠資訊股份有限公司,2025.05
面；　公分
ISBN 978-626-7537-96-1 (平裝)
1.CST: 社交 2.CST: 人際關係
177.3　　114004478

建議分類｜心理勵志